自分を劇的に成長させ

[日] 冈村拓朗 ○著

朱悦玮 ○译

PDCA
循环工作法

北京时代华文书局

前言

PDCA才是改变自己的最强武器

非常感谢你阅读本书。

你是否有以下这些烦恼?

"工作的效率和生活品质一直无法得到提高"

"参加工作很长时间,却觉得自己并没有得到什么成长"

"工作中总是犯同样的错误"

"总是会遇到同样的问题"

"自己的行动力总是不高"

"技能欠缺,知识匮乏"

"成长太慢"

"无法成为优秀的商务人士"

"无法做到工作家庭两不误"

……

对有上述烦恼的人来说,PDCA是解决这些问题的最强武器。

PDCA能够解决一切

相信正在阅读本书的诸位读者对PDCA这个词并不陌生，即："Plan（计划）"→"Do（执行）"→"Check（检查）"→"Action（改善）"

这原本是用于品质管理和业务改善的商务框架，但如今它已经成为各行各业耳熟能详的商业标语。

或许很多人都听说过甚至自己说过"让PDCA循环起来"之类的话。

如果PDCA能够顺利地循环起来，那么所有的问题都将迎刃而解。

请试想一下，将自己的想法制订成计划并加以实施，对执行的结果进行检查，找出有问题的地方进行改善，然后再开始制订下一个计划……

如果能够让这个循环持续下去，那么事情一定会变得顺利。

不管是工作也好还是自己的成长也罢，只要PDCA循环起来，一切都会变得更好。

我身为外资企业的经理，在工作中接触过许多优秀的商界精英，他们有一个共同点就是他们都认为"PDCA是最强的武器"，并且能够让PDCA高效地循环起来。

而不擅长工作的人则完全不懂让PDCA循环起来的方法。

工作中总是出现失误，虽然心里想着要改善但却总是忘记。

为什么会出现问题？为了让同样的问题不再出现应该采取怎样的措施？要想取得比现在更好的结果需要做出怎样的改善？不擅长工作的人从来不会思考这些。

所以，这样的人无法得到成长，因为他们总是一成不变。

让PDCA循环起来的方法

我们都知道PDCA的重要性。

但问题是有很多人虽然知道PDCA，却并没有让PDCA循环起来。

明明知道"PDCA很重要""要让PDCA循环起来"，但大概有九成的人都没有让PDCA循环起来。

为什么会这样呢？

关于这个问题我将在第一章中为大家做详细的解答，但简单来说，就是因为很多人都不知道让PDCA循环起来的方法。要想让PDCA循环起来，必须遵循某种原则。如果不知道这个原则，那就很难让PDCA循环起来。

当然，一流的商界精英能够让PDCA循环起来，但他们的方法普通人恐怕难以效仿。你是否也读过与PDCA有关的书籍，或者自己尝试着让PDCA循环起来呢？

按照一流的商界精英传授的那些让PDCA循环起来的方法，你在实践中成功了吗？

我想答案应该是否定的吧？否则你也不会拿起这本书了。

为了帮助大家成功地让PDCA循环起来，本书提出的建议是——使用"PDCA笔记"。

养成"笔记×4条线"的习惯，让PDCA自然而然地循环起来

通过PDCA笔记，可以让以下类型的PDCA都循环起来。

◆让自己每天都能够得到成长的PDCA

◆实现目标的PDCA

◆完成工作项目的PDCA

◆帮助商谈和管理的PDCA

我为大家介绍的PDCA笔记，不但能够让不同类型的PDCA循环起来，它还具有许多其他优点。

◆使自己得到改善和成长

◆自然而然地整理思考

◆消除多余的行动

◆瞬间发现解决问题的方法

◆把握一天之中开展行动和推进项目进度关键节点

◆更容易达成工作目标和人生目标

◆大幅提高自身的成长速度

◆不再犯同样的错误

◆提高工作效率，增加空闲时间

◆更容易坚持减肥、健身、早起、读书等好习惯

◆轻松进行PDCA循环，让人生更美好

最关键的一点是，"PDCA笔记"非常简单。

做一次PDCA笔记只需要5分钟，最长也不会超过10分钟。

只要有笔记本和笔，任何人都可以让PDCA循环起来，提高自身的工作效率，使自己切实地得到成长。

加班时间减少为之前的1/5、2年时间减肥13千克、年收入翻倍

在"前言"的最后，让我们来看一看某男性亲身实践PDCA笔记的结果。

◆将每个月超过100小时的加班时间减少到每个月20小时，现在已经完全没有加班了

◆2年时间成功减肥13千克

◆工作效率和生活品质都得到了提升，现在的年收入是之前的2倍

其实这个人就是我。

在取得上述成果之前，我的人生可以说非常糟糕。我每个月的加班时间超过100小时，比被称为过劳死警示线的80小时还要多。最严重的时候我甚至一个月加班140小时。

本书介绍的PDCA笔记，让我的人生发生了巨大的改变。当然，除了PDCA笔记我也采用了其他的方法，但可以肯定地说，正是因为利用笔记让PDCA循环了起来，我才能够成功地改变自我，实现成长。

用笔记让PDCA循环起来

现在我除了做好外资企业经理的本职工作，还作为"时间管理顾问"帮助大家提高时间的利用率，我每天都过得非常充实。

我利用PDCA笔记，已经成功地帮助许多人提高工作效率，帮他们取得工作成果，提高他们的人生品质，取得了他们自己期望的结果。

PDCA是人人皆知的最强商务框架。

但遗憾的是，很多人都没有让PDCA循环起来。这也是很正常的，因为谁也不知道让PDCA循环起来的方法。

不过，只要掌握了本书之中介绍的PDCA笔记方法，任何人都能够轻而易举地让PDCA循环起来。

PDCA笔记的制作方法、记录方法、思考方法……一切内容全都在这本书之中。

希望大家一定要将本书读到最后。

通过PDCA笔记，不管是在工作中还是在生活中，都可以让PDCA循环起来。

请不要对浪费的时间和出现的失败视而不见。

如果对失败视而不见，就无法从失败中吸取经验和教训，自然无法进行提升。正所谓"失败乃成功之母"。

希望本书能够对你的工作和生活提供一定的帮助，这将是我最大的荣幸。

冈村拓朗

目 录
CONTENTS

第 1 章 让PDCA循环起来改变人生

从"知道PDCA"到"让PDCA循环起来" ... 002
PDCA无法顺利循环的原因 ... 004
善于工作的人都会在让PDCA循环的同时取得自我成长 ... 007
让PDCA顺利循环起来的3个规则 ... 012
 规则1. 可视化——PDCA只要可视化就能循环起来 ... 014
 规则2. 系统化——PDCA系统化后就能循环起来 ... 019
 规则3. 习惯化——PDCA习惯养成后就能循环起来 ... 022
通过"PDCA笔记"达成所有目标 ... 027

第 2 章 做笔记之前必须掌握的"PDCA思考法"

"框架"使人行动 ... 030
PDCA就是不断进行尝试的框架 ... 035
"准备！射击！瞄准！" ... 039
在PDCA之前加个"G" ... 043
坚持尝试的人才能取得成果 ... 046

001

第3章 制作PDCA笔记的方法

用"笔记本×4条线"来创造PDCA框架　　　　　　　050
PDCA笔记的记录方法　　　　　　　　　　　　　053
　　"P（计划）"框架　　　　　　　　　　　　　056
　　"D（执行）"框架　　　　　　　　　　　　　059
　　"C（检查）"框架　　　　　　　　　　　　　063
　　"A（改善）"框架　　　　　　　　　　　　　065
目标达成PDCA笔记的制作方法　　　　　　　　　067
项目PDCA笔记的制作方法　　　　　　　　　　　070
商谈PDCA笔记的制作方法　　　　　　　　　　　075
让PDCA每天都循环起来　　　　　　　　　　　　080

第4章 让PDCA高效循环的方法

关键在于"G（目标）"　　　　　　　　　　　　086
"总是事与愿违的人"究竟犯了什么错误　　　　　088
不要依赖记忆、要勤于记录　　　　　　　　　　093
坚持记录PDCA笔记的方法　　　　　　　　　　　095
明确指标　　　　　　　　　　　　　　　　　　099
"A（改善）"方案的制作方法　　　　　　　　　103
不要增加太多的行动　　　　　　　　　　　　　108

第5章 养成写PDCA笔记习惯的方法

养成写笔记的习惯	114
每天早晨用5分钟时间决定一天的任务	115
阶梯效应	118
系统化不等于自动化	121
让PDCA循环更加高效的GTD方法	124
GTD方法的4个步骤	126
GTD方法最后一步的拆解	134
委托的技巧	135
提高生产效率的思考框架1."是否具有可重复性"	141
提高生产效率的思考框架2."能简化吗"	143
养成PDCA习惯的黄金循环	146

终章 让实现人生目标的PDCA循环起来

工作似乎一切顺利	150

第1章
让PDCA循环起来 改变人生

从"知道PDCA"到"让PDCA循环起来"

🔁 商务人士都知道的"PDCA"

"让PDCA循环起来!"

你的上司是不是经常说这样的话?PDCA原本是一个商务框架。内容包括:

Plan(计划)、Do(执行)、Check(检查)、Action(改善)。

PDCA循环这个概念最早是由质量管理专家爱德华兹·戴明提出的,原本应用于制造业的品质管理和提高生产效率上,如今已经被广泛应用于商业活动的各个领域。

那么,PDCA循环究竟是什么意思呢?

首先制订计划,然后执行,接着通过检查找出问题点,改善问题点的解决方法,再制订新的计划,继续执行、检查、改善……

这个计划、执行、检查、改善的循环就是"PDCA循环"。或许有人会说:

"这不是理所当然的事吗?"

"这种事谁都知道啊。"

但你真的在工作中让PDCA循环起来了吗？

虽然很多人都知道PDCA循环这个概念，但真正使其循环起来的人却并不多。

上司以为自己教过，部下以为自己知道。但对绝大多数的人来说，PDCA循环只是停留在他们"知道"这个概念的层面上而已。

我作为"时间管理顾问"接触过许多商务人士，他们都存在以下的烦恼：

"无法实现目标"

"无法解决问题取得成果"

"不知道怎样进行任务管理"

"总是拖拖拉拉，在截止日之前手忙脚乱"

实际上，这些烦恼都是因为没有让PDCA循环起来。

只要让PDCA顺利地循环起来，所有的问题都将迎刃而解。

那么，为什么PDCA无法循环起来呢？

PDCA无法顺利循环的原因

▶ 为什么你无法让PDCA循环起来

为什么PDCA循环不起来？为什么很多人只停留在"知道PDCA"的层面上？

答案很简单。

那就是很多人"不知道让PDCA循环起来的方法"。事实上，很多人都知道什么是PDCA，甚至还有不少人整天将"让PDCA循环起来"挂在嘴边。

但却鲜有人提到"如何让PDCA循环起来"。

当然，也有让PDCA充分循环起来的企业。最具代表性的就是日本著名的汽车企业"丰田"。丰田生产方式天下闻名，其中的关键词"改善"更是与"丰田"几乎画上了等号。丰田的改善主要集中在消除"4个M"的无用功上。所谓"4个M"，分别指的是Man（人）、Machine（机械）、Material（材料）、Method（方法）。通过对这些内容坚持不懈地改善，就可以消除无用功，彻底地提高生产效率。

这就是丰田式的PDCA。如今许多汽车生产企业乃至制造型的企业，全都在推行这种消除无用功的改善。

但对坐在办公室里工作的人来说情况如何呢？

虽然这些人都知道丰田的"改善"，也知道PDCA循环，但实际上他们似乎并没有将其付诸实践。

在每个月的内部会议上，公司应该也要求员工将PDCA系统化，严格执行PDCA的规则。

但当PDCA循环落实到个人身上的时候，很多人都不知道应该怎样做。

公司或者部门的PDCA，可以通过每个月、每个季度、每半年、每年等召开的工作会议对计划和执行情况进行检查与改善，所以只要让PDCA在组织内部系统化，PDCA就能够自然而然地循环起来。

那么对个人来说，如何让PDCA在工作中循环起来呢？

"只要让PDCA循环起来，工作效率就会得到提高"，每个人都很清楚这一点，但却不知道具体应该怎么做，结果就是PDCA根本没有循环起来。

导致"PDDD……"循环的原因

"让PDCA循环起来！"

在每天的生活和工作中，只要让PDCA循环起来，就一定能够取得成果，这是毋庸置疑的。

但实际上，很多人在尝试让PDCA循环起来的过程中从不做任何记录，完全凭借自己的记忆，结果导致在进行了"D（执行）"之后没有及时进行"C（检查）"和"A（改善）"，然后又开始进行另一个"D（执行）"，还自以为完成了PDCA循环。

这种状态直观地说就是"P→D→D→D……"，实际上并不能称为PDCA循环。

制订了计划，也采取了行动，但却没有进行检查更没有进行改善，只是一味贸然行动。这其中根本不存在循环的意识。

这也是没有让PDCA循环起来的人的通病。

那么，为什么这些人没有让PDCA循环起来呢？答案是没有建立起"循环系统"。在掌握PDCA循环方法之前，必须拥有开启循环的"钥匙"。

也就是说，只要把握住这个关键，PDCA自然而然地就会循环起来。

> PDCA没有循环起来的原因是没有建立起"循环系统"

善于工作的人都会在让PDCA循环的同时取得自我成长

◘ 不擅长工作的人即便遇到失败也不会成长

擅长工作的人和不擅长工作的人有什么区别？

我认为区别就在于"是否每天都能取得自我成长"。

此外，"是否能够让PDCA循环起来"，是擅长工作的人和不擅长工作的人之间最大的区别。

PDCA循环并不是在同一个地方不停地转圈，而是在旋转的同时不断上升，也就是我们所说的"提高"和"成长"。

擅长工作的人，能够在让PDCA循环的同时获得成长。

而不擅长工作的人甚至没有让PDCA循环起来的习惯。

换句话说，因为擅长工作的人能够制订计划并且严格执行，认真学习、不犯同样的错误，所以，他们才能够积累经验，切实地提高自己的能力。

而不擅长工作的人，总是犯同样的错误。就算知道问题出在哪里也不去改善，更有甚者连问题出在哪里都不知道。

这样的人根本无法获得成长。

虽说"失败乃成功之母"，但有些人就算失败了也不会从中吸取经验教训，结果就是一直失败，而且还总是重复同样的失败。

而能够取得成长的人，都懂得如何从失败中吸取经验和教训，犯过的错误绝对不会犯第二次。他们会根据自己的经验建立新的假设，对计划和行动进行改善。毫无疑问，只有这样的人才能取得成功。

这种情况不仅限于工作。

在我们的个人生活中也是一样。比如在出国旅行、育儿、尝试挑战新事物……时，可能因为没有做好安排或者没能充分沟通，导致与亲人、朋友或者搭档发生争执。还可能因为休息日突然需要加班，结果没办法按照约定带孩子去游乐园，让孩子伤心失望。

如果遇到这样的情况，应该思考以后怎么做才能避免出现同样的问题。

像这样不断地对自己的计划和行动进行改善，就能够避免失败，让自己的家庭和人生都变得更加幸福、充实。

这就是能和不能让PDCA循环起来的人之间的区别。

这两种人在成长速度上的差异可以说是一目了然。

"便利店"教给我们PDCA最重要的因素

在为大家介绍让PDCA循环起来的方法之前，我想先和大家说一说让我领悟到PDCA重要性的契机。

对我来说第一次接触到PDCA的概念,是在便利店工作的时候。

大约20年前,我刚刚大学毕业,进入一家连锁便利店工作。

我通过这份工作学会了用"PDCA思考",并且了解到"让PDCA高效循环起来"的重要性。

众所周知,便利店每周都会推出几种新商品。为了尽可能地提高这些每周推出的新商品的销量,店铺需要根据消费群体、日期、天气以及节日活动等信息来制订详细的销售计划,甚至需要在每天不同的时间段改变商品的陈列位置。

也就是说,首先从建立假设开始。

这相当于PDCA中的"P"。根据建立的假设决定订购多少商品,然后将其陈列在店铺中,而结果则体现在销售额和剩余库存等实际的数字上。这就相当于PDCA中的"D"。

到了第二天,店铺会根据前一天的销售情况检查之前建立的假设是否正确,是否存在需要改善的地方,这相当于PDCA中的"C"。

一旦发现需要改善的地方,店铺就会着手进行改善,比如改变商品陈列的位置或者改变订购的数量等。这相当于PDCA中的"A"。

在不断重复上述循环的过程中,商品的销量也在不断提升。

当时我们将这种循环称为"假设·验证循环",像这样将工作的流程"系统化",就能够让正确的做法保持下去,及时改正错误的做法,最终取得理想的成果。

对便利店来说,每一天都很重要。所以一年365天,每天都要进行PDCA循环。这也使我养成了高效进行PDCA循环的习惯。

尽管当时的工作非常辛苦,但现在回忆起来,年轻时能身处在这样一个必须每天坚持高效PDCA循环的环境之中,或许是一种幸运。

当时我就经常对部下这样说:

"失败了不要紧。但不要给失败找借口,而是应该思考如何才能成功。"

结果并不是一成不变的。就算取得了一次成功,也不能保证今后一直都能成功。

但成功的经验可以总结出来分享给其他人。

在工作中坚持用PDCA思考,不但能够提高自己的工作效率,还可以将自己总结出来的经验分享给同事,提高整个团队的工作效率。

而在这个过程中,我也学会了让内容"可视化"的方法。

有些内容只用语言很难表达清楚,但用可视化的图形或表格就能让人一目了然。于是我自掏腰包用三个月的薪水购买了一台电脑和最新型的数码相机,利用Excel制作图表,用数码相机拍摄现场照片,力求让所有人都能听懂我想说明的内容。

而我的职业发展也非常顺利,从入职时的普通店员一路晋升，先是成为店长，然后成为店铺指导员，接着成为新人培训负责人，又升任主管，最终成功进入总部，成为总部员工。

这是我步入社会之后的第一次成功经历，毫不夸张地说，这一切都多亏了用PDCA思考。

让PDCA顺利循环起来的3个规则

如果不掌握这3个规则，PDCA就循环不起来

接下来，我将为大家介绍PDCA循环的3个基本规则。

正如前文中提到过的那样，只是知道PDCA这个概念毫无意义。我将在帮助大家消除对PDCA的误解的同时，为大家介绍让PDCA顺利循环起来的基本规则。

PDCA循环的基本规则包括以下3点：

规则1. 可视化——PDCA只要可视化就能循环起来
规则2. 系统化——PDCA系统化后就能循环起来
规则3. 习惯化——PDCA习惯养成后就能循环起来

换句话说，只要掌握了这3个规则，PDCA就能循环起来。你的工作和人生都将在行动中得到改善，最终取得更加优质丰厚的成果。

"不管阅读多少本商务书籍，都无法提高工作效率"
"工作干了许多年，却感觉自己丝毫没有长进"

"一直没什么干劲,不会采取行动,更难以长久坚持"

存在上述苦恼的读者,可以通过我介绍的这3个规则让PDCA循环起来,提高自己的能力。只要坚持几年,你一定能够达到现在想象不到的高度。

> **规则1. 可视化——PDCA只要可视化就能循环起来**

❏ 具体的内容全都能变成行动

看到这里想必大家已经发现，PDCA循环本身并不是什么困难的事情。只是计划、执行、检查、改善这样一个非常简单的循环。

然而就是这样一个简单的循环，很多人却都没有使其循环起来。我认为原因之一是PDCA没有实现"可视化"。

那么，什么是"可视化"呢？

接下来我就将为大家进行说明。

❏ 可视化1. 让整体可视化

善于工作的人，在开始行动之前一定会制订计划，让整个工作的流程都清晰可见。比如项目成员都有谁，每个人负责哪些工作，按照怎样的顺序进行，什么地方是工作重点，预算有多少……越是善于工作的人，对工作的整体情况把握得越清晰。就像是将整个工作内容"画成了一幅画"。

在运动领域也一样。

比如日本著名足球运动员中田英寿和远藤保仁，他们被称为"中场指挥官"，因为他们就好像能够俯瞰整个球场一样，总是能够送出精准的传球。

但实际上他们并非真的能够用眼睛俯瞰整个球场，而是在脑海里对球场的动向有一个整体的把握。

当然，商业活动的现场并不是抽象的概念，而是存在着许多零散的信息。

◆会议上提出的营业计划和销售预算
◆用电脑制作的营业日报
◆用电脑确认的销售额等工作信息
◆在笔记本上记录的商谈结果和发现
◆在时间表上记录的走访客户计划

如果不能够将这些信息全都整理在"一幅图画"之中使其可视化，就无法确认PDCA是否在顺利地循环。长此以往，别说保持PDCA循环了，可能连PDCA本身都会被忘在脑后了吧。

因为整体情况是在不断发生变化的，如果不能通过可视化时刻把握整体情况，就很难使PDCA顺利地循环起来。

综上所述，在保持PDCA循环的时候，让整体可视化至关重要。

🔄 可视化2. 数值化

可视化的第二个重点是"数值化"。
这也是最适用于工作的PDCA指标。

提出销售额目标
↓
采取促销措施
↓
每个月统计实际的销售额
↓
召开会议进行讨论,提出改善方案

如果在制订计划的时候提出一个具体的数值,那么在检查的时候也可以通过数值来更准确地把握情况。要是在采取改善行动时也能够实现数值化,那么PDCA循环就会更加顺畅。

除了销售额等比较容易设定目标数值的工作之外,像减肥、跑步等日常生活中的行动也可以通过数值化来帮助PDCA更简单地循环起来。

🔄 可视化3. 写(画)

有些内容难以被数值化。

总是迟到

做事总是拖拖拉拉

迟迟无法开始行动

……

像上述这些问题比较难以通过数值化来帮助PDCA循环起来。

但可以通过在笔记本或纸上写或者画的方法让PDCA循环起来。

冈田斗司夫先生就曾经通过"将吃的食物记录下来"的方法，在1年时间里成功减重50千克。他将这段减肥经历写成一本书《不要以为我会一直这么胖》，销量超过50万册，应该有不少人都听说过这本书吧。

通过将自己日常吃掉的食物记录下来，使行动可视化，从而对行动进行改善。

可以说《不要以为我会一直这么胖》里主角的做法就是让PDCA顺利循环起来的成功例子。即便是这种看起来难以数值化的内容，也一样可以通过书写记录的方式实现可视化，从而使PDCA循环变得更加容易。

有这么一句话，不知道大家听说过没有：

"善于工作的人都懂得图形化思考"。

有些时候，仅凭语言难以说清楚的内容，只需要一个简单的图形就可以解释得明明白白。

比如给别人指路的时候，如果仅凭语言说明的话可能会像下面这样：

"在下一个路口向右拐，一直走大约70米，然后向左进入一条小巷，那里有个门，进门向右转，再里面……"

这样的说明让人非常难以理解，但一个简单的地图则可以让人一目了然。

不要只在脑海中进行思考，将思考的内容写下来或者画出来，就能够让思考的内容更易于理解。

因此，将有助于PDCA循环的关键内容"可视化"，就能够让PDCA自然而然地循环起来。

这也是让PDCA循环起来的第一个规则。

只要将PDCA实现"可视化"，就能够准确地把握计划、执行以及检查，然后再思考应该如何改善的时候自然也就变得更加简单了，这样PDCA就能循环起来了。

> **规则2. 系统化——PDCA系统化后就能循环起来**

创造循环系统的方法

第二个规则是"系统化"。

PDCA无法循环起来的很大一部分原因就在于没有创造出一个"循环系统"。

可能会有人问"什么是循环系统"？

PDCA如果只是放在那里并不会自己循环起来，要想让PDCA循环起来，须有一个非常关键的因素，也就是说PDCA循环需要一个启动力。

这个启动力即PDCA循环系统。"让PDCA循环起来"，如果换一种说法的话，那就是"创造一个能够让PDCA循环的系统"。也就是"PDCA系统化"。

那么，究竟什么是系统化呢？

什么是系统化

所谓系统化，指的就是一旦建立起这个系统，就能够半自动运转的体系。

系统化的关键在于"可复制性"，也可以称为"重现性"。

事实上在许多领域之中都能够看到系统化的影子。比如我最擅长的Excel，它就有系统化的具体应用：在收集数据和进行分析时，只要制作一个模板，就可以将模板直接复制到其他文件中继续使用。想必许多读者朋友也使用过这个功能吧。

经营拉面馆也需要系统化。

比如某拉面馆有一个超级厉害的厨师，他经验丰富，做出来的拉面非常好吃，这家拉面馆因此生意十分兴隆。

但这家拉面馆能一直这么生意兴隆下去吗？答案是不一定。

如果这个超级厉害的厨师累病了怎么办？

如果这个超级厉害的厨师被其他拉面馆挖走了怎么办？

这家拉面馆的生意好坏完全由厨师决定，一旦这个厨师出了问题，那么这家拉面馆的生意就将受到巨大的影响。

这就是没有实现系统化的典型例子。

要想让拉面馆的生意稳定，就必须建立起一个即便换了厨师也一样能制作出同样美味拉面的系统。

那么，有没有拉面馆做到了这一点呢？答案是有的，那就是日本非常著名的拉面连锁店"天下一品"。

当"天下一品"开发出其他拉面馆无法模仿的秘制汤汁并大受食客欢迎之后，"天下一品"就会将这个汤汁的秘方发给所有的连锁店,以保证食客在全国甚至全世界任何一家连锁店都能够品尝到同样美味的拉面。"天下一品"也因此保证了自身长久的稳定发展。如今该连锁集团每年的销售额高达160亿日元。

"天下一品"成功的关键,就在于能够批量生产秘制汤汁。要想建立起一个让全世界所有连锁店都能生产出同样美味汤汁的系统,一定需要花费大量的时间与精力,甚至还会遭遇许多挫折。

但只要这个系统成功地建立起来,那么接下来的一切都将非常顺利,拉面馆不必依赖厨师的手艺,任何人都可以半自动地制作出同样品质的美味拉面。

这就是"无论何时、何地、何人,都能够取得同样成果"的系统。

通过建立起一个不受外界任何因素影响的系统,就能够让PDCA稳定地循环起来。

> **规则3. 习惯化——PDCA习惯养成后就能循环起来**

■ PDCA不能持续下去的话就毫无意义

第三个规则是"习惯化"。

重要项目、日常工作、健身计划……要想取得成果，都必须养成坚持PDCA的习惯。

如果需要在短时间内取得成果，那可能没有进行PDCA的必要。

比如"距离截止日期只有不到一个月了"。

在这种情况下恐怕没时间按部就班地制订计划、执行、检查、改善。当然PDCA也可以应用在短时间内的工作上，但在这种时候最重要的是全力以赴争取最好的结果。

而对中长期的工作或计划来说，坚持PDCA是取得成果的关键。

什么是PDCA的习惯化

从理论上来说，必须坚持PDCA循环才能取得成果。

也就是说，如果PDCA只进行一次，即便取得了一些成果也只是皮毛而已。只有通过不断地坚持循环，才能促进行动，发现问题点并加以改善。

养成PDCA的习惯是必不可少的。

要想使自己的工作状况得到改善，不能只在心血来潮的时候才进行检查，而是应该养成按时检查，并保持使用PDCA的习惯。

那么，究竟什么是PDCA的习惯化呢？

关键包括以下3个要素：

◆将时间与行动组合起来
◆轻而易举立刻实现
◆决定要做的事

将时间与行动组合起来

要想养成一个好的习惯，首先必须"将时间与行动组合起来"。比如每天早晨起来和晚上睡觉之前都要刷牙。相信很多人都有这种习惯吧。"早晚+刷牙"这就是将时间和行动组合起来的例子。

以我为例，我每天早晨8点喝一杯咖啡，傍晚6点离开公司。这也是一种习惯。通过将时间和行动组合起来，就很容易养成习惯。

因此，要想养成某种习惯，首先要确定时间然后再确定行动。本书介绍的使用PDCA笔记的习惯养成也是如此：

◆决定写笔记的时间
◆如果采取了某种行动就一定打开笔记做记录
◆将笔记本展开放在桌子上

这样就很容易养成习惯。

轻而易举立刻实现

要想养成习惯，仅凭将时间和行动组合起来还不够。

还需要"轻而易举立刻实现"。

如果每次做一件事之前都要花费大量的时间和精力才能开始，那么要想养成干这件事的习惯，难度可以说非常大。反之，如果轻而易举立刻就能开始做的话，那么要想养成干这件事的习惯则容易得多。

本书介绍的PDCA笔记如果是需要花费大量时间精力才能开始的方法，那当然会让人感到麻烦。但请放心，本书介绍的这个方法是轻而易举立刻就能实现的。

决定要做的事

最后一个关键要素是"决定要做的事"。

比如想养成坚持PDCA的习惯，如果每次都要思考"这次要做什么呢"，那PDCA肯定坚持不下去。

因为如果没有决定要做的事，每次思考"要做什么"都会消耗脑细胞并且降低人的积极性，让人难以坚持下去。

而且这样也违背了"轻而易举立刻实现"的要素。

让我们再以刷牙为例思考一下。

"今天应该从什么地方开始刷呢？"
"是先刷大牙好，还是先刷门牙好？"
"昨天是从前往后刷的，今天从后往前刷？"

如果每次刷牙之前都必须思考这些问题，那恐怕连刷牙都很难坚持下去吧。

要想养成习惯，必须事先决定好要做的事。如果每次开始行动之前都因为不知道应该做什么而烦恼，很容易使人产生焦躁和厌烦的情绪，又怎么能养成行动的习惯呢？

因此，要想养成坚持PDCA的习惯，首先必须决定"应该做什么"。

本书介绍的PDCA笔记方法，可以有效杜绝开始行动之前的烦恼。

只要按照PDCA笔记的系统化方法，PDCA自然而然地就能够坚持下来并且持续循环起来。

1、将时间与行动组合起来　2、轻而易举立刻实现
3、决定要做的事

通过"PDCA笔记"达成所有目标

❏ 完全符合PDCA3个规则的笔记术

在前文中我为大家介绍了PDCA循环的3个基本规则：

规则1. 可视化——PDCA只要可视化就能循环起来
规则2. 系统化——PDCA系统化后就能循环起来
规则3. 习惯化——PDCA习惯养成后就能循环起来

但只知道这些规则，就想让PDCA立刻循环起来是不够的。

就像我在前文中提到过的那样，只是"知道"PDCA毫无意义。只知道PDCA的概念，只有让PDCA循环的想法，是不能让PDCA循环起来的。

关键还在于，准备一个符合上述3个基本规则的"框架"，有了这个框架，PDCA就能循环起来。

那么什么是让PDCA循环起来的框架呢？

这就是本书将为大家介绍的"PDCA笔记"。

PDCA笔记是完全符合上述3个基本规则的方法。

只要坚持每天做PDCA笔记，就可以让PDCA在你的工作、生活乃至人生的方方面面都顺利地循环起来。

而做笔记每天所需的时间只需5分钟，最长也不会超过10分钟。

具体内容我将在后面的章节中为大家做详细的说明，简单来说就是在笔记之中创造一个让PDCA循环起来的框架。

之前不论做出多少努力都没能使其循环起来的PDCA，只要用了这个笔记术就能够轻而易举地循环起来，而且还能够将PDCA应用在各个领域。这正是PDCA笔记术的神奇之处。

每天循环的基础PDCA
完成工作的PDCA
私人生活的PDCA
实现梦想的PDCA

你希望通过PDCA实现的一切目标，都可以用一本笔记来解决。

在下面的章节中，我将首先为大家说明记录PDCA笔记之前需要掌握哪些思考方法。

第2章
做笔记之前必须掌握的"PDCA思考法"

"框架"使人行动

▣ 无意识的行动都是"框架"

在学习PDCA笔记之前,我们必须了解"框架"的概念。

所谓框架,指的是在对事物进行整理时的思考模型。

不管是否愿意,我们每个人都生活在框架之中。可以说人类90%的行动都被框架约束着。

请想象一下开车的时候,如果道路上没有分道线,那么当你高速行驶的时候心里一定会感觉很不安吧。

虽然只是一条线而已,但只要有这条分道线,驾驶者就能够安心驾驶。这就是框架的力量。

除此之外还有停车场里的车位线。虽然停车场并没有"请将车停在车位上"的提示语,但所有人都会自觉地将车停在车位上。

大脑之所以会自动地做出这种判断就是因为框架的力量。

当然还有其他的例子。

比如早晨起床之后洗脸刷牙,每天都去上学或上班,这些也都是框架的力量。

什么是框架

所谓框架，指的是在对事物进行整理时的思考模型。
通过创建框架，可以使人自觉地采取行动。

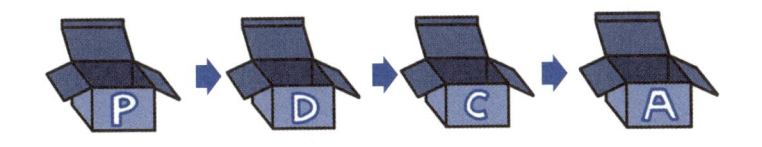

只要有框架就能自觉采取行动

活用框架就能改变思考和行动

我们根本不需要多做思考，早晨起来自然而然就会洗脸刷牙，然后去上学或者上班，也没什么好犹豫的。

这种无意识的行动，也被称为框架化行动。

我们日常进行的所有行动，都在框架的约束之中，因此不需要思考也能够无意识地完成。

"完成这件事之后，接下来做那件事"，这也属于框架。

从这个角度来说，人类完全被框架所操控。

只要有了框架，大脑就不需要进行思考，也不会有任何烦恼，直接采取能够取得结果的行动。

换句话说，只要有意识地利用框架，就能够自然而然地采取行动，推动事情取得进展。但遗憾的是，几乎没有人有意识地利用框架。

活用框架就能够取得自己理想中的成果。本书介绍的PDCA笔记正是最大限度活用框架的方法。

"重复同样的行动"能够节省大脑能量

从结果上来说，"重复同样的行动"，对大脑的负担是最轻的。

不善于工作的人，大多没有一个确定的工作方法，大脑的能量都白白浪费在思考应该如何工作上。

大脑的能量是有限的。

每次重复的思考和决策，都会消耗大脑的能量，导致思考的效率降低，灵敏度下降。

如果想尽量节省大脑能量，最好的办法是活用框架。

如果没有框架，人在每次行动之前都要消耗大脑能量去进行思考。

但只要建立起框架，行动就会变得非常轻松。

明确了行动目标，人就像坐上了一辆自动驾驶的汽车。只要重复同样的行动就可以，完全没有多余的烦恼。

通过框架将每次都需要消耗脑力去思考的工作变成"重复同样行动"的工作，就能够节约大脑的能量，将大脑的能量用在"制订计划""思考战略"等创意性工作上。

优秀的人和企业都会利用框架进行思考

利用框架促进行动的原理适用于所有人以及企业。

就连世界一流的精英、名企也不例外。

比如苹果公司的创始人史蒂夫·乔布斯先生，他在开会时的要求是"方案数量要限定在3个"。

这也是一种框架：通过将方案的数量限定在3个的框架来推进工作。

世界著名的管理顾问大前研一先生也是如此。他在遇到复杂问题的时候，总是用一种被称为"金字塔体系"的思考方法进行深度思考。

像麦肯锡这样的管理顾问公司，新员工入职后都要接受培训，学习框架思考的方法。据说要想成为一名优秀的管理顾问，需要在三年的时间里写满一万册笔记。

以改善著称的丰田也一样，通过坚持进行改善的体制，从根本上提高了生产效率。

由此可见，框架能够提高行动的品质和效率，让任何人、任何企业都能够轻而易举地取得成果。越是优秀的人、企业越会充分地利用框架。

而本书介绍的PDCA笔记就是让PDCA循环的框架。

通过使用框架，可以轻而易举地让长期以来只是"知道概念"的PDCA循环起来。

我保证一点也没有难度。

只要有笔记本和笔就一切OK。

这就是"框架的力量"。

长期以来迟迟无法循环起来的PDCA，将在笔记这个框架的帮助下顺利地循环起来。

PDCA就是不断进行尝试的框架

▣ 进行了一万次尝试的爱迪生

你为了实现自己的目标,进行了多少次尝试呢?

《人人都能成功》的作者,被称为"成功学之父"的拿破仑·希尔经调查发现,平均每个人从提出目标到放弃目标之间进行的尝试次数甚至不足一次。

许多人虽然提出了目标但却根本没有进行过尝试,还有的人尝试了一次却因为没有取得成果就放弃了。

而要想取得成功的唯一秘诀,就是"不断尝试"。

即便失败了一次,只要吸取教训继续尝试,就会提高成功的概率。当然,如果是根本就不可能做到的事情,及时放弃才是明智的选择。

但在商业活动的现场,"因为失败而放弃"的人却意外地多。

如果是像百发百中的天才狙击手,或者每次投篮都能投中的篮球天才，他们可能只需要一次射击、一次投篮就能成功。

但这样的人恐怕根本就不存在。在成为百发百中的天才狙击手之前，在成为每次投篮都能中的篮球天才之前，他们也都曾不断地练习、训练。

既然没有人能保证只尝试一次就成功，那么也就意味着尝试的次数越少，成功的概率就越低。

失败不要紧，只要从失败中吸取经验和教训，然后坚持继续尝试，总有一次能够取得成功。

大家都知道爱迪生吧。

就是那个发明了留声机和改进了电灯的著名的发明家托马斯·阿尔瓦·爱迪生。

其实最早发明电灯的是英国人斯旺。

但斯旺发明的电灯使用寿命太短，于是爱迪生对电灯进行了实用化的改良，经过无数次的尝试，终于制造出能持续亮1200小时的碳化竹丝灯。

记者在采访他的时候问道：

"爱迪生先生，您在进行电灯实用化改良的过程中一定经历了许多失败吧，您现在是怎样的心情呢？"

爱迪生这样回答道：

"我并没有失败。我只是发现了一万种不太合适的方法。"

要想取得成功，唯一秘诀就是"不断尝试"。

不断地进行尝试，根据得到的经验继续下一次尝试，这个过程正是PDCA循环。

尝试，就是以失败开始到以成功结束的过程。

尝试是通往成功的唯一道路，这是刻在人类基因之中的真理。

智人在生存竞争中胜出，成功实现进化。而尼安德特人则灭绝了。

智人顾名思义，就是"有智慧的人"。

但尼安德特人也并非没有智慧，他们过着狩猎生活，据说大脑容量比智人还要大。

那为什么智人和尼安德特人的命运截然不同呢？

答案就是"尝试"。

尼安德特人也制造出了石器，但考古研究发现，尼安德特人制造的石器在几万年间都没有发生任何变化，他们传承的一直是相同的制造方法。

与之相对的，智人则根据生活的地区和时代，制造出了许多不同种类的石器。

也就是说，智人没有单纯地依赖"知识"，他们还进行了"尝试"，从而使自身能够适应环境的变化，成功地生存下来。

"知识会过时，所以需要通过不断地尝试来进行应对"。

这个真理实际上已经被深深地刻印在我们每个人的基因之中。

著名的管理顾问彼得·德鲁克曾经说过：

"最宝贵的经验，并非经过周密的计划就能够得到。"

也就是说，任何事都不可能一开始就十分顺利。

只有经过不断地尝试和改善，才能取得理想的结果。这种不断尝试的循环，是提高自身能力，取得理想结果的唯一方法。

> "准备！射击！瞄准！"

先行动再改善

正所谓商场如战场，商业活动的现场也有许多战争术语。

战略、战术、宣传、目标、后勤、信息……这些原本都是战争领域的用语，现在也用于商业领域，因为企业的组织结构与军队的组织结构十分相似。

那么，大家在看到"准备！射击！瞄准！"这个标题时，有没有感到奇怪呢？

一般我们在电视上看到的战争场面，指挥官下达的指令应该是这样的：

"准备！瞄准！射击！"

那为什么在标题中我将"射击"放在了"瞄准"的前面呢？

在瞬息万变、生死一线的战场上，从"瞄准"到"射击"之间根本没有犹豫的时间。因为这一瞬间的犹豫都有可能丢掉性命。

比如下面这样的情况：

军官："瞄准！射击！"

士兵:"还在瞄准!"

军官:"你要瞄准到什么时候!快射击!"

士兵:"不行,还没瞄准好!"

军官:"先射击然后才知道应该瞄准什么地方啊!"

士兵:"马上就要瞄准好了!(砰)啊……"(被对方击毙)

军官:"你看!我都说让你早点射击了……"

尽管战场上可能不会真的出现这样的情况,但在商业活动的现场,经常会出现迟迟不肯采取行动,或者难以取得进展的情况。

上司:"最近我们的产品在A公司卖得很不好,你去看看怎么回事。"

部下:"我正在思考销售方案呢。"

上司:"你要想到什么时候啊。快去跑业务。"

部下:"可是我还没想出最佳的方案啊。"

上司:"先去跑业务才知道应该采用什么方案啊。"

部下:"我马上就能想出非常好的方案了……啊……"(电视里传来竞争对手与A公司达成合作的新闻)

上司:"你看!我都说让你先去看看了……"

当然,在这个例子中上司也有一定的责任,但在商业活动的现场,确实经常出现因为"没有××""××还没做好""××还不够完美"等原因而迟迟不采取行动的情况。

你是否也遇到过类似的情况呢？

迟迟不射击＝不采取行动＝无法取得成果
准备好后立刻射击＝做好计划后立即执行

当然任何事都不可能一次成功。

但关键在于通过行动发现计划与实际情况之间的偏差。

不管计划制订得多么周密，也无法保证一定成功。

要想提高计划的准确度，唯一的办法就是先行动起来。然后发现计划与实际行动之间的偏差，从而进行改善，"瞄准=改善"。这也是取得成果的最短距离。

尽管在商业活动的现场不需要做出生死攸关的抉择，但如果行动不够及时，就难以抢占优势地位，这样的情况可以说是屡见不鲜。

"那个创意明明是我先想到的！"

这种话说出来也毫无意义。

创意和计划如果不转化为行动就没有任何价值。

边行动边思考边改善，这才是最好的方法。

在PDCA之中，"P（计划）"和"D（执行）"都排在前面。换句话说，即便还没有制订出完美的计划，也应该尽快开始行动。

如果在制订出完美的计划之前永远也不开始行动，那就永远也发现不了计划与实际情况之间的偏差。

制订不出完美的计划,建立假设也是个好办法。即便一切都是假设也无所谓。只要基于假设开始行动,就能够发现假设与现实之间的偏差。而发现偏差之后,就可以开始"C(检查)"和"A(改善)"。

因此,尽快开始行动,通过行动的结果来发现偏差是最重要的。

哪怕是假设也没关系,大胆地制订计划,然后开始行动吧。只要在行动的同时进行思考并且及时地进行改善即可。

在PDCA之前加个"G"

▣ 如果没有目标，那么99%的努力都将白费

说起PDCA，很多人都会认为"首先从P（计划）开始"。但在计划之前还有一个更加重要的因素。

你听说过这个名言吗？

"天才是1%的灵感加上99%的汗水。"

这是爱迪生的名言，想必很多人都听说过。
但你知道这句话所表达的其实并非爱迪生的本意吗？
爱迪生的本意是：

"如果没有1%的灵感，那么99%的努力都毫无意义。"

当时采访爱迪生的记者将这句话解释为"努力非常重要"，但实际上这和爱迪生的本意完全相反。
据说爱迪生后来对身边的人感叹说："本来我要强调的是灵

感的重要性，却被换成了努力……"

盲目的努力毫无意义。
但其实没有1%的灵感也无关紧要。
最关键的是明确目标，然后以这个目标为方向不断地尝试。

"只要不断地尝试就能够取得成功"。
这种想法是错误的。如果没有一个明确的目标，那么不管尝试多少次都不可能找到通往成功的道路。
只有明确目标，才知道应该朝着哪个方向前进。只有在这种状态下坚持不懈地进行尝试，才能够取得成功。

"GPDCA"的思考方法

你是否真的有一个明确的目标？
"看不见的东西就无法实现。"
这里所说的看见包含两层含义：

1. 物理概念的看见
2. 目标本身足够明确，比如有明确的概念

要想让PDCA持续循环，首先必须有一个"Goal（目标）"，然后让这个"目标"能够被"看见"。

这是最重要的。

大脑只能实现能看见的东西。
要想让PDCA循环起来，有一个明确的目标是大前提。
问题是目标究竟以何种形式或何种状态存在？

在让PDCA开始循环之前必须思考最终想达成什么目标。有的人可能很明确，但有的人非常迷茫。

请大家思考一下，想通过PDCA循环达成什么目标。
这种思考方法被称为"GPDCA"。
在制订计划之前先设定目标，然后再让PDCA循环起来。

"目标究竟以何种形式或何种状态存在？"

首先请你思考这个问题。
没有目标而进行的PDCA会让你迷失方向。
如果目标总是发生变化，那么就必须经常对前进的方向进行修正。当然，这也属于一种尝试，尝试是通往成功的必经之路。
所以首先一定要确定目标，知道自己为什么要让PDCA循环起来。

坚持尝试的人才能取得成果

◘ 一郎也有六成以上是凡打

我们每个人的人生,都是在不断的尝试中变得越来越顺利。比如现在自行车骑得非常好的人,刚开始学习的时候肯定也摔过不少跟头。

但就是在不断摔倒的过程中,我们学会了应该如何踩脚蹬,如何握住车把,通过不断地尝试学会了骑自行车。

每个人小时候都曾经通过不断地尝试来学习,但不知从什么时候起却开始害怕失败。

大联盟的棒球明星选手一郎相信大家都知道吧。

他在2016年8月7日创下累计打出3000次安打的纪录。

一郎选手在大联盟的打击成功率大约为30%,所以打出3000次安打,也就意味着他打出了9000次左右的凡打。

就连打出了3000次安打的一郎选手,打击成功率也只有30%左右。

而他正是从9000次的凡打中不断地吸取经验教训,对自己的技术进行改善,才能够创造出3000次安打的伟大纪录。这正是PDCA的完美体现。

越是被称为天才的人，越能够通过不断地尝试促进自己成长，并最终取得成功。不断地从失败中学习，才能提高自己的能力。

也就是说，能够坚持尝试的人就能取得成果。

将PDCA放入框架之中

那么，要怎样做才能坚持尝试呢？

这就需要用到PDCA的框架了。

正如我在前文中提到过的那样，PDCA就是不断进行尝试的框架。

"计划""执行（确认结果）""检查（从失败中吸取经验教训）""改善"，然后再开始下一次的循环。

如果觉得PDCA这种全是英文字母的缩写太晦涩难懂，那就只将其看作是能够进行"尝试"的框架即可。

要想让PDCA循环起来，必不可少的要素还有一个。

那就是让PDCA循环的框架。

而本书介绍的"PDCA笔记"就是这样的框架。

读完本书之后，你就可以通过PDCA笔记将你的PDCA循环起来，为了实现你的目标而坚持每天不断地进行尝试。

第 3 章
制作PDCA笔记的方法

用"笔记本×4条线"来创造PDCA框架

▣ 用笔记本让PDCA高效循环起来

那么，现在就让我们开始使用PDCA笔记吧！
需要准备的东西如下：

◆A4尺寸以上的笔记本
◆笔

没了，只有这些。

笔记本只要比A4尺寸更大就行。经常有人问我"A6的笔记本可以吗？"虽然并非绝对不行，但我并不推荐。

最大的理由是"空间不足"。

如果笔记本的尺寸太小，那么PDCA的框架就要相应地缩小，没有足够的空间记录内容。写的字也必须缩小。或许有人觉得"记录空间缩小一些也没问题啊"。

但笔记的尺寸其实就是思考的范围。

在小尺寸的笔记本上做记录，思考的范围也会随之缩小。

如果只是做个简单的记录，那么空间小点也无所谓。

但要想对思绪进行整理，对行动和结果进行记录，根据发现的问题点找出改善方案的话，最好还是准备一个足够大的思考空间。

在有限的空间里用很小的字来做记录，思考也会越来越狭隘。而且事后再翻阅这部分内容回想当时自己的思路的时候也很费劲，不便于PDCA的持续循环。

所以从一开始就准备一个足够大的笔记本非常重要。

有的人比较节约，喜欢将已经用过的A4纸废物利用，在背面做记录。

如果只是做一个当天用完就扔的简单记录，这种做法无可厚非，但现在我们要做的是坚持记录让PDCA每天都循环的笔记。所以必须专门准备一个笔记本，这样才能做到对每天的变化一目了然。

而笔记本的尺寸要足够大，才能将PDCA的各个项目都记录下来，也就是能够将整个PDCA的流程整理在一个区域内。

这样的笔记本才能当作扩大思考范围的工具来使用。

PDCA笔记最好使用方格笔记本

虽说只要是比A4尺寸更大的笔记本都可以，但我最推荐的还是方格笔记本。

方格笔记本就是在笔记本的页面上有大小为3～5厘米方格的笔记本。

2014年出版的畅销书《聪明人为什么都用方格笔记本》相信很多人都看过吧，应该有很多人都在使用方格笔记本。

方格笔记本的好处主要有以下几点：

◆方格有助于整齐规范地做记录

◆更便于制作框架

◆便于整理信息

◆以后再次翻阅时立刻就能看懂

正如前文中说过的那样，笔记的框架就是思考的框架。如果笔记做得乱七八糟，那思考也会跟着一塌糊涂。

笔记并不是单纯的记录，而是通过制作框架以及对框架进行整理，来切实地取得真正的成果。

PDCA笔记就是思考框架，所以请大家一定要充分利用方格笔记本的优势。

PDCA笔记的记录方法

▣ 首先在笔记本上画4条线

接下来我将为大家介绍PDCA笔记的记录方法。

说起制作框架,可能有的人会感觉很难,但实际上只是画线条而已。(以非方格笔记本为例)

首先,请将笔记本上下翻开。

在距离顶端3~5厘米的地方水平画一条线,然后在这条线下面等间距画出3条垂直线,将页面分成四等份。

在水平线上方写下标题。

这个标题需要让这个PDCA的目标和时间一目了然。

如果是仅限今天一天的PDCA,除了要写上当天的日期之外,还要写上"今天要做什么""今天要达成什么目标"之类的愿望。如果是工作用的PDCA笔记,则需要在标题上写清楚工作项目的名称以及需要实现的目标。

接下来是被3条竖线分出的4个区域(框架)。

首先从左至右在各区域的最上方依次写下"P""D""C""A"。为了防止这部分和接下来记录的内容混淆,可以用方框

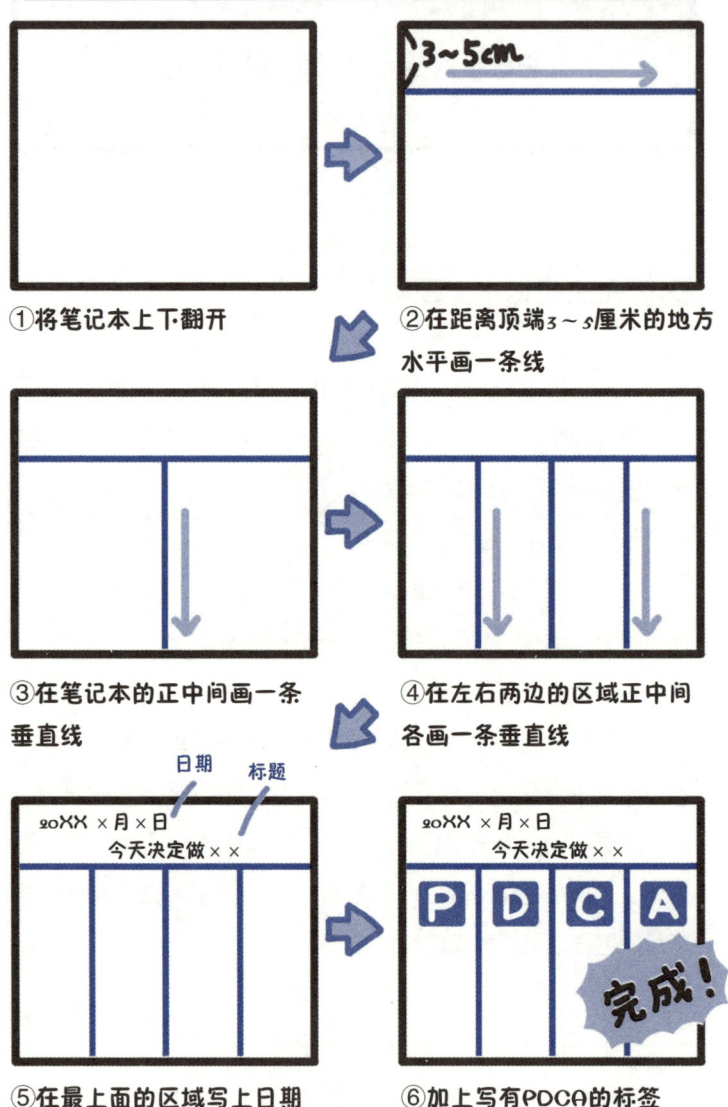

PDCA框架的制作方法

① 将笔记本上下翻开

② 在距离顶端3～5厘米的地方水平画一条线

③ 在笔记本的正中间画一条垂直线

④ 在左右两边的区域正中间各画一条垂直线

⑤ 在最上面的区域写上日期和标题。让目标一目了然

⑥ 加上写有PDCA的标签

完成！

将字母圈起来。

当然，对这个框架结构熟悉以后，不写标签也可以，但最开始还是写出来比较好，这样以后再看的时候就能瞬间理解记录的内容，所以我建议最好还是写出来。

这样，PDCA笔记的基本框架就完成了。

PDCA笔记的种类

在本节中，我将为大家介绍PDCA笔记的种类。

PDCA笔记可以分为许多种类，分别应用于不同的情况：

◆记录每天行动的"日常PDCA笔记"
◆用来实现目标的"目标达成PDCA笔记"
◆用来完成项目的"项目PDCA笔记"

日常PDCA笔记可根据需要，制作用来减肥的PDCA笔记、用来养成运动习惯的PDCA笔记、改善自己缺点的PDCA笔记等。

接下来，我就将为大家介绍"日常PDCA笔记"的制作方法。

"P（计划）"框架

❏ 自己的计划处于最优先位置

首先让我们来看一看"P（计划）"框架的制作方法：

1. 在P的框架中制作时间轴
2. 将备忘录上的内容抄下来
3. 如果还有其他要做的事情也记录下来

一般来说，工作上最基本的时间单位是1小时，但也可以根据自己的情况选择以2小时或90分钟作为时间单位来制作时间轴。至于时间跨度也很灵活，可以从早晨6点到晚上12点，也可以从上午9点到下午6点。

这个时间轴本身也是一个框架。比如第二天要早起，但今天的时间轴却一直持续到凌晨2点，那么就可能导致第二天早晨起不来。必须注意这种情况。

制作好时间轴之后，接下来就是将备忘录上今天的待办事宜抄下来。

这时候需要注意的是"首先安排自己的计划"。

日常PDCA笔记

10月1日（周四）今天的目标（想取得的成果和想实现的愿望）			
6:00 7:00 8:00 9:00 10:00 11:00 12:00 13:00 14:00 15:00 16:00 17:00 18:00 19:00 20:00 21:00 22:00	**计划 P** 时间表 自己的安排 会议 面谈	**行动 D** 结果 是否与计划一致？ 是否出现突发情况？	**检查 C** 自己有什么发现 顺利/不顺利的原因	**改善 A** 解决问题的行动 应该改变什么 应该停止什么 应该开始什么

〈注意要点〉

① 将备忘录上的事情写在P框架中
② 行动取得的成果写在D框架中
③ 回顾一天的行动，找出不顺利的原因写在C框架中
④ 根据原因找出解决方法写在A框架中

在计划时间表的时候一定要优先安排自己想做的事情。如果总是优先完成工作上的事情，那么你永远也无法实现自己的目标。当别人问你"今晚有没有空"的时候，你是不是总回答"有空"呢？

在你的时间表上，是不是充满了和别人的"预约"呢？比如酒会、高尔夫、朋友聚会……

如果你的回答是肯定的，那么从今天开始，请将"自己的事情"也写进时间表之中。如果你希望通过PDCA循环实现自己的目标，那就一定要优先安排自己的事情。

此外，任何行动计划都必须有"开始"和"结束"，用来应对突发情况的时间也要考虑进去（关于这部分内容我将在后面章节中做详细的说明）。

将备忘录上的内容抄下来之后，接下来就可以添加一些其他需要做的事情。比如"前往××""制作资料"，把这些行动所需的时间也记录下来。

以上这些就是最先需要制作的"P（计划）"部分的内容。

可能有人觉得"将备忘录上的内容抄在笔记本上好麻烦啊"。但实际上只要尝试一次就会发现，在笔记本上画4条线，在第一行写上标题，然后将今天的计划从备忘录上抄下来，根本用不了5分钟的时间。

而且这样做还可以使你重新检查一遍当天的计划，可以说是一举两得。

"D（执行）"框架

PDCA循环的关键前提

接下来是"D（执行）"框架的制作方法。

将计划的执行情况和发生的事实记录下来。

保证PDCA顺利循环的关键就是"D（执行）"。当然，"P（计划）""C（检查）""A（改善）"也很重要，但"D（执行）"是保证PDCA循环的大前提。

为什么这么说呢？因为只有D能够"产生事实"。

我来为大家详细地说明一下。

PDCA的关键在于，将"D（执行）"以可视化的状态保留下来。

是否能够将"D（执行）"准确地记录下来，意味着"是否准确地把握了现状"。

不管是工作还是个人成长，要想通过PDCA循环取得成果，首先必须准确地把握"现在处于什么状态"。如果不了解这个事实，就没办法进行检查和改善，更别说制订下一个计划了。

比如去走访客户时，客户反映商品存在质量问题，那么如果只记录"走访了客户"就没有准确地记录事实。如果给上司提交的方案被退回修改两次，只记录"提交了方案"也是没有准确记录事实。

那么，在"D（执行）"框架里准确地做记录究竟是为了什么呢？

答案是为了找出计划与现实之间存在的偏差。正如我在前文中提到过的那样，PDCA是不断尝试的框架，为的是知道如果按照假设采取行动能够得到怎样的结果。而事实结果是进行下一个步骤"C（检查）"的必要条件。

只有发现计划与结果之间的偏差，才能够开始检查。而进行过检查后才能提出改善方案。

而且只要有这个准确的事实记录，今后如果遇到同样的情况，就可以根据这次的结果采取合适的应对措施。比如"上次的改善方案效果不太好，这次采取其他的改善方案吧"。这才是真正意义上的"PDCA循环"。

由此可见，准确地记录"D（执行）"至关重要。

记录下来的事实越准确，大家从中得到的信息精度就越高，对"C（检查）"的帮助就越大。

要想准确地记录"D（执行）"有一个秘诀，那就是"行动之后马上记录"。千万不要等一切都结束之后再总结，那样很容易忘记细节。一定要在行动之后马上记录。

- ◆ 是否与计划一致
- ◆ 是否出现偏差
- ◆ 出现了什么问题
- ◆ 最终的结果如何

以上内容是必须记录的，如果出现了意料之外的突发情况，也要准确地记录下来。

总之，只要将做了什么、发生了什么这些事实都记录下来就行。

什么是事实

事实，指的是能够用专属名词和数词表现的内容。任何人都无法对事实提出反对意见。在描述事实的时候最好不要加入形容词，因为这样会让人觉得其中包括你自己的主观意见。让我们来看下面这个例子。

例：走访了A公司，提出了B计划，但对方的反应<u>不佳</u>，采用的可能性<u>很低</u>。

画线的部分就是形容词。这就并非事实而是主观意见。
"反应不佳具体是指什么？"
"采用的可能性很低具体是指有多低？"

上司很有可能提出这样的反问。将"反应不佳"这种主观意见替换成事实,可以这样表现:

"上周二我用邮件发送了关于新产品X的宣传活动方案,对方并没有看。我说那现在我来说明一下吧,对方说'不用了,回头我自己看吧'。"

一开始可以先将花费了多少时间,见了哪些人,解决了哪些问题等简单的事实写出来,等习惯后再逐渐增加内容量。

"C（检查）"框架

记录自己的想法

记录完执行的事实之后，接下来就是制作"C（检查）"的框架。

根据发生的事实，记录自己的想法。

简单说，就是根据"D（执行）"的结果，写出成功的原因、失败的原因、接下来应该如何推进事情发展等想法。

如果想解决问题，必须先发现问题，所以关键的部分一定要全部记录下来。

"计划进展顺利。针对××采用××非常有效，X项目也用这个方法吧！"

"A先生是不擅长处理这项工作，还是我的工作安排方法有问题？啊，原来我忘了告诉他那个地方应该这样做。"

"比预计时间提前40分钟完成！这都是用笔记本整理思考的功劳。"

可以像上面这样详细地记录，也可以只写一个"OK"就完事，只要将自己的想法记录下来就行。关键在于"记录"。在做记录的过程中，可能会有新的发现。所以请一定将自己的想法在笔记本上写出来。

当养成习惯之后，可以逐渐增加记录的内容量。

当然，也不是说自己所有的想法必须全都记录下来。

比如"为了走访客户前往××车站，比预定时间提前5分钟抵达"，这虽然也是事实，但并不是什么特别有意义的信息。所以没必要记录这样的内容。

但即便是稀松平常的事实，如果给你留下深刻的印象或者对你造成了巨大的触动，那么也应该记录下来。

因为在这样的事实当中，很有可能隐藏着与你未来的发展息息相关的"巨大宝藏"。

比如你平时总是迟到，导致客户对你的印象不好，影响到签约的成功率，但有一天你发现"提前5分钟抵达客户公司，客户心情很舒畅，商谈也进行得非常顺利"。这就是改善你迟到问题的最佳方法。

记录就是能够让自己取得成长的"秘宝"。

"A（改善）"框架

📑 记录行动

最后一个框架就是"A（改善）"框架。

根据检查得出的结论，记录出能够让下一次计划变得更好的"行动"。

如果这次的行动没有取得预想中的成果或者遇到了问题，那就根据"D（执行）"和"C（检查）"得出的结论进行具体的思考。

当然，如果一切进展顺利，那就不用更改。但如果进展不顺利，不做出改变的话事情是不会自己变得顺利起来的。

是应该直接改变计划，还是应该对计划进行调整，甚至干脆放弃去进行其他的尝试……请根据"D（执行）"和"C（检查）"得出的结论进行上述思考。

思考出来的改善方案即便都是假设也没关系。

因为接下来要做的就是不断地进行尝试。

通过尝试来发现计划与现实之间的偏差，然后进行改善。

如果想不出解决方案怎么办？

最好的办法是"找他人帮助"。

"向上司请教应该如何解决这个问题"。

"向熟悉这一领域的人请教"。

有的时候，仅凭一己之力没办法解决所有的问题。

与其自己一个人绞尽脑汁也想不出好的解决办法，导致行动一直停滞不前，不如求助他人，让他人帮助自己尽快迈出继续前进的步伐。

目标达成PDCA笔记的制作方法

▣ 什么是目标达成PDCA笔记

在前文中我为大家介绍了日常PDCA笔记的制作方法,在这一节中我将继续为大家介绍专门为实现某种目标而制作的PDCA笔记。也就是目标达成PDCA笔记。

1. 制作一个和日常PDCA笔记相同的框架。
2. 在"P(计划)"和"D(执行)"框架中分别画一条垂直线,将这两栏分别分成左右两部分,在画线的时候不要画实线,而是画虚线或者用不同的颜色将左右两边区分开。这样更容易分辨。

接下来是最关键的部分。在做记录的时候,需要将已取得成果的计划/行动和待进行的计划/行动分开记录。

虚线左侧记录已取得成果的计划/行动。

虚线右侧记录待进行的计划/行动。

通过将"P(计划)"框架和"D(执行)"框架进行综合的对比分析,就能够确认你投入的时间是否真的用在了能够取得

目标达成PDCA笔记

10月1日（周四）今天的目标（想取得的成果和想实现的愿望）

时间	计划 P	行动 D	检查 C	改善 A
6:00 7:00 8:00 9:00 10:00 11:00 12:00 13:00 14:00 15:00 16:00 17:00 18:00 19:00 20:00 21:00 22:00	时间表 自己的安排 会议 面谈	结果 是否与计划 一致 是否出现突 发情况	自己有什么发现 顺利/不顺利的 原因	解决问题的行动 应该改变什么 应该停止什么 应该开始什么

〈注意要点〉

① 将P框架和D框架分别分为两部分
② P、D框架左边记录已取得成果的计划/行动
③ P、D框架右边记录待进行的计划/行动

成果的行动上。

你是否以每个季度或者每个月为时间轴提出过比较大的目标。

比如在工作上，如果上级提出了销售额目标，那么目标的达成就取决于每天的营业额的完成。如果你是领导，你希望尽量给部下创造一个更便于进行工作的职场环境。为了实现这一目标，你决定通过与部下的交流把握部下的价值观。那么这就是待进行的计划/行动，应该记录在虚线的右侧。

比如"中午与A先生交流关于价值观的问题"，就属于待进行的计划/行动，而实际进行了哪些交流以及把握了A先生的价值观，则是已取得成果的行动（结果）。

如果你的目标是"3个月后托福取得900分"，并且制订了一个月的听力学习计划，那么你计划每天花费多少时间进行练习就是待进行的计划与行动，实际进行了哪些练习就是已取得成果的计划与行动。

像这样记录下来之后，自己都采取了哪些与取得成果有关的行动就能够一目了然。

这样的行动只要坚持下去，就能够使你切实地得到成长。

假设行动没有取得成果，通过翻阅笔记也可以发现"计划中根本就没安排能够取得成果的行动"或者"今天设定的目标根本就无法实现"等问题，从而更便于你进行改善。

一味唉声叹气、怨天尤人，根本无法改变任何事情，但如果通过笔记准确地把握问题所在，就可以采取相对应的行动。

请试着将这种方法应用在你的PDCA笔记上吧！

项目PDCA笔记的制作方法

◘ 给每个工作项目都准备一个笔记

项目PDCA笔记是为了让工作项目的PDCA循环起来而制作的笔记。

这里所说的项目不一定非得是需要许多成员一起完成的大项目,可以是个人和小团队就能完成的小项目。

比如某新产品的宣传企划,目的是将这个新商品推销给A公司,或者上司对部下的培训计划等。只要是拥有明确的目标,而且无法一次实现,需要经过多个流程的工作,都可以看作是项目。

接下来我将为大家介绍项目PDCA笔记的制作方法。

请看示意图(见下页)。

这个笔记的框架与之前的有点区别。虽然整体框架没有变化,但对P框架进行了更详细的划分。而且笔记右上角还出现了一个被称为"3个重点"的框架。现在我为大家逐一进行说明。

1. 首先制作框架

项目PDCA笔记

标题	1	3个重点
目标	2 3	

计划 P	行动 D	检查 C	改善 A
3月25日	结果	自己有什么发现	解决问题的行动
4月1日	是否与计划一致 是否出现突发情况	顺利/不顺利的原因	应该改变什么 应该停止什么 应该开始什么
4月8日			

<注意要点>

① 写出项目中的3个重点
② 在P框架中写出任务计划
③ 及时确认项目进展情况

第3章 制作 PDCA 笔记的方法

2. 写出标题

3. 写出目标

4. 写出项目中的3个重点

5. 在P框架中写出任务计划

注意，一定要在相应位置列出最能影响项目进展的3个重点，这样就能明确哪些事情至关重要，必须优先完成。

"P"也指"流程"

通过对之前的内容的学习可知项目PDCA笔记与日常PDCA笔记最明显的差异就在"P（计划）"框架。

为什么这部分不一样呢？

因为PDCA中的"P"原本指的是"Plan（计划）"，而在项目PDCA笔记中，这个"P"除了代表计划，还有"流程（Process）"的含义。

工作的整体流程由许多个工作任务组成，因此必须将"流程"与"任务"结合起来一起思考。

在项目进展过程中，如果只关注眼前的任务，可能会导致流程混乱，出现忘记完成某项工作的情况。而建立起一个将流程与任务相结合的框架，根据这个框架合理地安排工作任务，就能使工作进展得更加顺利。

首先将整个工作分解为若干个流程。

然后明确各个流程分别需要完成什么任务。

最好将完成任务的日期和所需时间也记录下来。在每个任务的前面加一个"□"，若任务完成可在"□"内打"√"，这样便于对任务的完成情况进行把握。

之后就可以进行和日常PDCA笔记中一样的PDCA循环了：

在"D（执行）"框架中记录结果。如果出现与日期表不符的情况也记录下来。

在"C（检查）"框架中记录自己的发现以及计划进展顺利或不顺利的原因等。

在"A（改善）"框架中记录解决问题的行动以及应该改变什么？应该停止什么？应该开始什么？将改善落实到具体的行动上。

接下来我为大家简单地介绍一下项目PDCA笔记的管理方法。

我采用的方法是将每个项目的相关资料和项目PDCA笔记都放在同一个透明文件夹里，做到随时更新内容。

我也尝试过用Excel进程表和专用的进程管理APP进行管理，坦白地说，这些软件做出的东西确实非常漂亮，但制作起来需要花费太多的时间而且十分麻烦。如果只是个人的工作项目，不需要与其他人共享项目进程信息，那么花费大量的时间去做一个精美的项目表并没有太大的意义。

将项目进程写在纸上的最大好处在于，你能够对项目的整体进展情况一清二楚。尤其是项目PDCA经常需要反复确认进展，所以写在笔记本上是最合理的做法。

当项目结束之后,即便相关资料被处理掉,但只要保留这本PDCA笔记,在今后参与类似的项目时,还可以将这个笔记上的内容作为参考。

因为在PDCA笔记上记录了成功的经验和失败的教训,只要充分利用这些经验和教训就能够比之前更容易取得成果。

商谈PDCA笔记的制作方法

◘ 用商谈笔记让PDCA循环起来

本节介绍的商谈PDCA笔记与上一节介绍的项目PDCA笔记组合使用效果最佳。

比如你参与了一个与A公司进行交易的大型项目,在利用项目PDCA笔记把握这个项目的整体情况下,还可以利用商谈PDCA笔记来把握与A公司的商谈情况。

即便不是大型项目,比如新客户开发、老客户维护等小型项目也可以利用这个笔记使PDCA循环起来。

接下来我为大家介绍商谈PDCA笔记的制作方法。

除了对P框架没有进行细分,这个框架其余部分与项目PDCA笔记的框架基本相同。首先请按照图示在笔记本上画出框架,接下来的流程与项目PDCA笔记相同,唯一的区别只有"P"。

商谈PDCA笔记

标题	1 2 3 3个重点
目标	

计划 **P**	行动 **D**	检查 **C**	改善 **A**
计划、流程	结果	自己有什么发现	解决问题的行动
确认事项 商谈的流程	是否与计划一致 是否出现突发情况	顺利／不顺利的原因	应该改变什么 应该停止什么 应该开始什么

<注意要点>

① 在P框架中写出商谈的流程
② 在P框架中写出需要确认的事项
③ 根据本次的A为下次的P做准备

"P"框架记录计划和流程

商谈PDCA笔记中的"P"框架包含"计划（Plan）"和"流程（Process）"两个含义。

首先是"计划（Plan）"，你是否有过在商谈的时候本应提出的问题却忘了问的经历呢？结果为了确认这个问题只好重新约定时间再次商谈。

"我记得写在备忘录上了，怎么没有呢……"

"我特意列了一份表单放在公文包里，怎么没找到……"

"商谈时光顾着说别的事情，把这个问题完全忘记了……"

如果你总是因为上述情况而苦恼，那就在商谈PDCA笔记的"P"框架里写出"今天商谈时必须确认的内容"。

其次是"流程（Process）"，你需要写出今天商谈流程的关键点。

比如销售人员在正式拜访客户之前一定会先自己整理一下商谈的流程，不可能一点准备都没有就直接去拜访客户。在开会之前，谁都会事先准备好自己的发言内容。这些都应该记录在笔记本的"P"框架中。

我在进行商谈之前，首先从"回顾上次的内容"开始，最后以"确认下次的时间安排"作为结束。

如果在商谈的准备阶段能够将"计划（Plan）"和"流程（Process）"这两个"P"都准备好，那么接下来只要按照计划好的流程去做就行了，这样可以将全部精力都放在商谈上。

只要坚持这个习惯，甚至能够使商谈的流程框架化。

商谈PDCA笔记的PDCA的循环方法，和日常PDCA笔记、项目PDCA笔记的PDCA循环一样。不过商谈PDCA笔记有一个最大的优点，那就是能够从这次的"A"到下次的"P"。

根据商谈时采取的"D（行动）"以及针对行动进行的"C（检查）"，提出应对措施"A（改善）"。到这里并没有结束，还必须将对方在这次商谈中提出的条件和问题也记录在"A（改善）"框架中。

这样在下次商谈之前，可以根据上次的"A"来准备下次"P"部分的内容，实现PDCA循环。通过回顾上次的商谈记录来制订下次的商谈计划，就能够避免出现"遗漏"的情况。

"上次探讨了这些内容，问题是××。这次就针对××提出解决方案吧。"

如果像这样做好商谈的准备，就一定能够赢得对方的信任，从而使商谈进展得更加顺利。

设想一下你自己是客户，在商谈的时候对方犯什么错误最令你恼火呢？

我是客户的话，如果对方的营业人员忘记了上次商谈时约好的事情，或者对我提出的要求没有做出回应，那么我一定会非常生气。因为就算不能答应我提出的要求，至少也应该明确地告诉我。

如果对方的营业人员对约好的事情牢记在心，对我提出的要求都会给予回应，那么我一定会觉得他非常可靠，我也愿意和这样的人做交易。千万不要忽视这些细节，只要通过框架将这些细节做好，就能够取得最后的成果。

请试着将这样的框架放在你自己的商谈笔记之中吧。

如果可能的话，你最好针对每个客户都准备一本商谈PDCA笔记本。要是觉得这样做太麻烦了，至少也要针对重要的客户专门准备一本商谈PDCA笔记本。

商谈PDCA笔记的每一页就是一次PDCA循环，长期坚持PDCA循环能够使你切实地感觉到与客户之间的关系在逐渐加深。

而且，所有你之前采取的行动和商谈的结果都在笔记上有明确的记录，这就是你自己的"营业秘籍"。

让PDCA每天都循环起来

通过高速循环PDCA不断地进行尝试

你循环PDCA的时间跨度是多久呢？

一周一次？还是一个月一次？

绝大多数的企业都会在每个月一次的全体大会上对销售额或项目进展情况进行确认。

比如像"上个月的销售额是××，没有达到销售目标，原因应该是××。为了改善销售情况，这个月应该在××上加大力度"，这样的会议报告就可以促进PDCA的循环。

但这种常规的流程实际上也存在着一定的问题。

让PDCA循环起来固然重要，但更重要的是循环的频率。

比如刚才提到的全体大会，如果一个月召开一次，那么PDCA的循环跨度就是一个月，一年循环12次。

但如果将会议时间改为一周一次，那么一年就能进行52次PDCA循环。如果改成每天一次的话，一年就能循环365次。

12次、52次和365次，哪一个更好呢？

PDCA是循环次数少的好，还是循环次数多的好呢？

毫无疑问，答案是越多越好。

如果PDCA一年只能循环12次，那么对行动进行检查和改善的机会一年也只有12次。

如下图所示。PDCA一年只循环12次的话，假设有一次做出了错误的判断，那么最终出现偏差的可能性就是1÷12=8.3%。

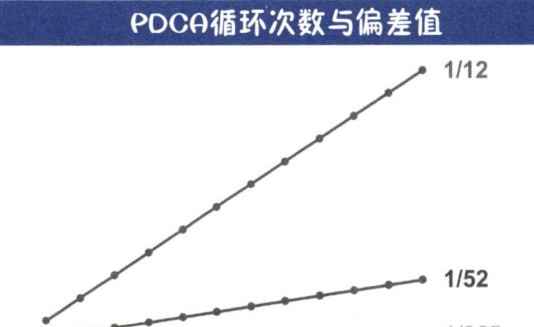

PDCA循环次数与偏差值

1/12
1/52
1/365

PDCA循环次数越多，最终出现偏差的可能性越小。

但如果PDCA每周循环一次，一年循环52次的话，那么假设有一次做出错误判断，那么最终出现偏差的可能性是1÷52=1.9%。而每天循环，一年循环365次的话，一次做出错误判断导致最终出现偏差的可能性只有1÷365=0.3%。

也就是说，进行检查和改善的机会越少，最终出现偏差的概率就越大，而且一旦出现偏差，进行改善花费的时间和精力也越多。

让我们来计算一下每月检查一次和每周检查一次出现偏差的概率之间的差距。

（每月一次）÷（每周一次）
8.3%÷1.9%≈4（倍）

每月检查一次与每周检查一次相比，前者出现偏差的概率是后者的4倍，那自然，改善前者偏差所需的时间和精力也是成倍增长。

（每周一次）÷（每天一次）
1.9%÷0.3%≈7（倍）

每周检查一次与每天检查一次相比，前者出现偏差的概率是后者的7倍，同理，改善前者偏差所需的时间和精力是后者改善偏差所需的时间和精力的好多倍。由此可见，PDCA循环的次数越多，进行改善时消耗的时间和精力就越少。

但对一个团队来说，每天都召开全体会议是不现实的，会议也并非越多越好。

不过在团队PDCA循环的基础上，如果你能在日常工作中让个人的PDCA每天都循环起来，就能让自己切实地取得成长，并且在团队中成为最出色的那一个。

"今天的行动"将决定你的未来

PDCA循环的速度越快，进行检查和改善的机会越多，实现目标的概率就越大。

当然，不同行业因为商业形态不同，循环的周期也各不相同。

比如零售业和餐饮业，因为每天的销售额都很重要，所以PDCA的循环必须非常高效，甚至每小时就要循环一次。而建筑行业因为一个工程项目往往需要几年的时间才能完成，因此PDCA循环一次也需要几年时间。

但不管怎样，最终的成果都是"今天的行动"不断积累的结果。

这也是适用于任何工作和任何事情的真理。

制订计划、开始行动、对行动（结果）进行检查、思考改善方案、制订下一次的计划……这种不断进行尝试的过程就是通往成功的必经之路。

那么什么时候开始行动呢？答案是"今天"。

什么时候对行动进行检查呢？答案也是"今天"。

俗话说"趁热打铁"。一旦错过最佳的检查时机，当天通过行动获得的发现就会被遗忘。

大家听说过艾宾浩斯的遗忘曲线吗？

德国的心理学家赫尔曼·艾宾浩斯做了这样一个实验，他将许多字母随机排列，然后尝试记住这些字母，再观察自己过了多长时间遗忘它们，并将这个过程和结果绘成描述遗忘进程的曲线。

这就是著名的"艾宾浩斯遗忘曲线"。

这个曲线表明，人类记住的东西一天之后会有74%的内容被遗忘。

人类的大脑并不能记住所有的东西。今天记住的事情、看见的东西、听说的内容，到了第二天有一大半都会被遗忘。

事实上，如果被问到"昨天都吃了什么"，几乎所有人都无法立即回答出来。

要想避免出现遗忘的情况，最好的办法就是"当天的事情当天检查"。如果今天做的事情隔了好几天才想起来检查，结果发现连内容都遗忘了，又怎么可能实现改善呢？

我们每天都会写工作报告、向上司汇报工作进度、在营业系统里输入数据……

但写完报告、向上司做完汇报、输入数据之后又应该做什么呢？

答案是应该对今天的工作进行检查，让PDCA循环起来。

而PDCA循环的次数则是越多越好，因为PDCA循环的次数越多，循环的速度就越快。

只要让PDCA高效地循环起来，就意味着大家有更多的机会去进行尝试，自己成长的速度也会得到提高，自然能够取得成果。

第4章
让PDCA高效循环的方法

关键在于"G（目标）"

◘ 在"P（计划）"之前应该做什么

在前面章节中我为大家介绍了PDCA笔记的几个基本种类以及制作方法，以最常用的日常PDCA笔记为例，在制订当天的计划之前，首先应该确定当天的目标。

今天要实现什么目标？

把这个目标写在"P（计划）"前。

在制订"P（计划）"之前，请先思考下面这个问题：

PDCA循环的目的是什么？

这个目的就是我在前面章节中提到过的"G（目标）"。如果没有明确的目标，只是茫然地让PDCA循环，那么这种循环的意义并不是很大。而且没有明确目标的话，也无法对PDCA进行检查和改善。

如果你从一开始就没有明确前进的方向，那么不管PDCA循环得多么完美，最终也只是白忙一场罢了。

你有明确的目标吗？

首先将这个目标写在对应的位置。

但是像"取得上司认可的成果""成为优秀的人"之类的目标由于过于抽象，实现起来比较困难。

因此，目标一定要具体而且能够明确地知道是否能达成。

目标必须能够数值化，而且能够通过自己的行动来进行控制。如：

"一个月拜访100名新顾客"

"为了获得10份顾问委托，在研讨会上召集100人"

"在3月之前取得托福900分"

"在7月之前减肥10千克"

"每天早晨5点起床跑步30分钟"

通过将具体的目标数值化，就能使目标变得更加明确。

除了数值化之外，还可以将目标设定为具体的状态。

"希望能够多陪陪家人。为了和孩子一起洗澡，晚上6点准时下班"

"希望多陪陪孩子，每周六和孩子一起打棒球"

目标状态明确，就能据此制订具体的实现方法。这样制订出来的计划才有意义。

"总是事与愿违的人"究竟犯了什么错误

突发情况破坏PDCA循环

制订计划并全部完成并不是目的。

即便是很小的计划也有进展不顺利的时候。

"早晨制订的计划迟迟没有进展……"

"因为自己总是无法完成计划而苦恼……"

这样的经历谁都有过吧？

但是即便计划进展得不顺利，也没必要因此而感到苦恼和不安。因为PDCA就是不断尝试的框架，只要通过PDCA笔记对循环进行改善就可以了。

但有的人不管进行多少次改善，计划还是无法顺利进行。

造成这种情况的原因有很多。

找我咨询的人提出造成计划无法顺利进行的主要原因是"出现计划之外的突发事件"。

"总是被上司突然叫去安排工作任务……"

"突然召开紧急会议……"

"突然要应对顾客的投诉，花费了大量的时间……"

"突然来了份很紧急的工作……"

由于被这些突发事件占用了大量的时间，导致没有时间去完成原计划。

这确实是很令人头疼的问题。

虽然制订了详细的计划，但总是无法按计划执行。

这其实是框架的问题。

如果别人对你说"这件事情很紧急，就拜托你了"，你马上就去帮忙，这说明你被"出现紧急情况=即便破坏原计划也必须去处理"的框架束缚了。

要想解决这个问题，就必须改变框架的使用方法。

给计划留出缓冲时间

具体的做法是，"给计划留出缓冲时间"。

在这里，我们需要用到"时间"的框架。

工作中经常会出现突发情况，这是理所当然的事情。一切都按照计划顺利进行的情况几乎是不可能存在的。

应对突发情况实际上也是我们的分内工作。但是，如果只顾着处理眼前的工作而没能及时完成目标，那么你的工作就难以取得成果。

所以我们必须给能够取得成果的工作留出足够的时间。

但如果有些工作必须我们亲自完成，那么就需要给这样的工作单独准备"1个框架"。

接下来我将为大家介绍这个框架的制作方法。

基本来说，就是决定工作的"开始时间"和"结束时间"。

我们在学校上课的时候，每堂课都有固定的上课时间和下课时间。工作也一样，需要给每项工作决定一个开始时间和结束时间。

欧美企业总是给人一种工作效率很高的感觉，这是因为欧美国家普遍存在"重视与家人相处"的文化，所以欧美国家的人几乎不会在公司加班到很晚。欧美国家的人为了能够在晚上7点之前完成工作下班回家，他们会以晚上7点这个时间点为基准制订一天的工作计划。

让工作按计划结束的秘诀就在于决定工作的开始时间和结束时间。如果你决定在60分钟之内完成工作，那就需要思考应该怎么做才能实现这一目标。

放弃两成的内容

还有一点非常关键，那就是不要将时间浪费在不能取得成果的工作上。

工作没必要做到十全十美。

就像学校的考试一样，一个总是考20分的人要想考70分，那只要付出一定的努力就能做到。

但一个总是考80分的人要想考100分可是非常困难的。

这是为什么呢？其实答案很简单，总是考20分的人说明他根本就没有努力学习，所以只要稍微努力一点就能很快地提高分数。

但总是考80分的人说明他平时已经在努力学习了，剩下的这20分很难再拿到。如果继续使用和平时一样的学习方法，那么剩下的这20分永远也拿不到。

你在上学的时候是否也遇到过类似的情况呢？

虽然追求100分无可厚非，但有些考试，尤其是参加工作后的很多资格考试，只要拿到70~80分，够及格线就可以了。

工作的本质是取得成果，所以做到70~80分就足够了。如果经过尝试后发现仅仅做到70~80分不行，再投入时间和精力去拿剩下的二三成也不迟。

比如你尝试通过POS数据对顾客的购买行为进行分析。整理出分析结果后就可以将结果汇报给上司或者共享给同事，没必要将时间浪费在美化图表和排版布局上。

因为当你整理出分析结果时，这项工作就已经完成八成了。

剩下的两成就是版式的美观问题，完全可以不管这两成，先将结果提交上去。如果上司提出"这个版式能不能再美观一点"之类的要求，再对版式进行调整也不迟。

当然，也有一开始对完成一项工作所需时间预估不足，结果出现超时的情况。

根据我的经验，绝大多数的工作都会超出原定计划用时的30%~40%。例如：一个预计60分钟完成的工作，实际上往往需要80~90分钟才能完成。

我为什么会知道这件事呢？因为我把自己的工作时间都记录在笔记上了。

在这种情况下，"缓冲时间"就显得非常重要。

也就是说，在预估时间的时候就要留出一个用来防止超时的缓冲时间。

如果没有留出缓冲时间，那么一旦遇到突发的状况，就会导致你的时间不够用。

预留出缓冲时间则可以从容地应对突发情况。

有的人因为需要与同事或项目组成员共享时间表，所以不方便安排缓冲时间。

对于这种情况，可以给缓冲时间换一个名字：比如"准备会议资料""项目市场调查""制作走访备忘录"等。

最好是能够在上午和下午各留出1小时左右的缓冲时间。

此外，也可以根据自身的情况以每周为单位制订时间表。比如给自己准备一个框架，在每周一和周六都不安排拜访或接待事宜。

不要依赖记忆、要勤于记录

◘ 记录行动的事实

在前文中我已经提到过，PDCA中最重要的就是"D（执行）"。

需要注意的是，执行必须留下可视化的结果，这样才能"准确地把握现状"。你只有准确地把握现状，才能发现计划与实际情况之间存在的偏差，从而进行检查以及采取改善方案。

而记录下来的事实越清晰、准确，你从中能够获取的信息精度也就越高。

关键在于"应该记录哪些事实"。

需要记录的事实包括专有名词、数词。

自己的主观意见并不是事实，它只是你自己的解释。而解释应该记录在"C（检查）"框架中。

在"D（执行）"框架中只能记录事实。

在日常PDCA笔记之中，最令人一目了然的就是时间。

比如一个预计60分钟完成的工作，结果你花了90分钟才完成，那么你所需要记录的事实就是"花费90分钟完成"或者"多花了30分钟"。你还可以将这项工作的具体内容也一并记录下来。

如果是项目PDCA笔记，则需要记录每个流程的工作进程以及所花费的时间。比如工作任务是否按照计划顺利进行，有没有出现遗漏，有没有应该去除的无用功，每项工作大约花费了多少时间。

现在有许多时间管理APP，但实际上不用这些APP你也可以对时间进行管理。只要将每项工作花费的时间记录下来，你就可以大致把握整个项目工作花费的时间。

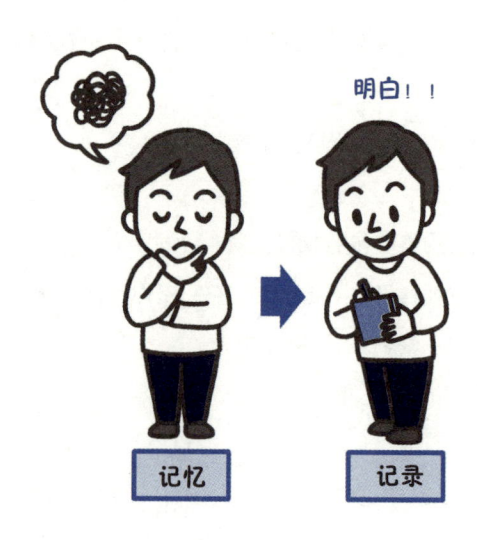

坚持记录PDCA笔记的方法

◪ 为什么"坚持不了"

有的人觉得"无法坚持记录PDCA笔记"。

"无法准确地记录自己做过的事和花费的时间,导致笔记本上一片空白,结果就越来越不想记录笔记了。"

"总是忘记及时做记录,觉得记PDCA笔记好麻烦,于是就不想记了。"

但实际上,这些人将PDCA笔记看得过于困难了。

正如我在前文中提到过的那样,PDCA笔记的目的并不是进行绝对准确的记录,也没必要将一天中发生的所有事情都记录下来。

并不是说使用了PDCA笔记就能让我们制订的计划100%实现。因为不管是目标还是计划,都只不过是预计和假设。

大家都听说过"计划不如变化快"这句话吧?

计划只是一种预计和假设,而实际情况很有可能出现变化和偏差，所以计划和最终的实际结果即便不同也没关系。

如果因为用了PDCA笔记，发现自己制订的计划没有实现，于是就认为自己是个没用的人而不敢继续进行尝试，这岂不是本末倒置？

无法坚持记录PDCA笔记的人都有一个共同点，那就是他们认为所有没有按计划进行的事情都是"失败"。

反之，能够坚持记录PDCA笔记的人则认为他们没有按计划推进事情时，正好是"发现改善方案的机会"。

只要PDCA能够循环起来就不算失败，因为循环过程中的一切不如意都是成长的"机会"。

比如之前你从来没有对计划和行动做过记录，那么你就根本不可能发现偏差。但只要在笔记上做记录，就能够发现偏差，从这个意义上来说，这也是让你得到成长和进化的事情。

虽然计划没有一帆风顺，但只要能够发现偏差，就能获得许多成长的机会。

那么，怎样才能知道自己究竟有没有得到成长呢？

这就需要你能够发现成长前的自己和成长后的自己之间的"变化（偏差）"。

就好像现在的我们与婴儿时期的自己相比，有很明显的成长。我们能够自己走路、自己上厕所，还能和其他人正常交流。

这就是"从0到1"的明显变化。

但从1到1.1虽然也是成长,变化却不那么明显。我们现在工作中的成长就像是这种0.1的不断积累。

要想发现这种不太明显的变化和成长,最好的办法就是每天都将自己的行动、获得的经验以及学到的知识记录下来,然后将记录的数量直观化地看作成长的进度。

在记录的时候只需要记录简单的事实,通过翻阅这些记录你就能切实地感受到自己的成长。

不给失败找理由,只为成功想方法

为了让每一天都过得充实,需要将精力放在能够提高自身价值和取得成果的工作上。

而笔记本可以帮助我们给工作划分优先级。

总是觉得没有什么好方法,或者只是简单地进行一下尝试就放弃,一味给失败找理由,这样是不可能取得工作成果的,更不可能取得成长。

所以从今天开始,不要给失败找理由。

而是试着思考:

"怎样才能做到?"

"应该从什么地方开始?"

刚开始的时候不一定非要每天都做记录。因为刚开始一个新习惯,任何人都不可能马上就做得很好。请一定要多尝试几次。

请带着让自己更加轻松地实现目标的心态来开始尝试。

毕竟做与不做的选择权在你自己手上。

明确指标

🔲 指标明确了吗

在前文中我多次提到，通过发现"P（计划）"和"D（执行）"之间的偏差，准确把握现状，然后进行"C（检查）"。

而在进行检查的时候，最关键的要素就是"指标"。

只有明确"C（检查）"的指标，才能准确且顺利地进入检查流程。

检查不能流于形式。

最终取得的成果都须是可视化的图表或数字。在进行检查的时候，需要判断结果与计划之间是否存在偏差。

同时还要检查执行流程中的行动是否存在问题。

在商业活动现场，经常使用"KPI（Key Performance Indicator）"作为指标。

比如营业人员的KPI就是顾客访问次数、提案次数、营业时长等。而网站的KPI则包括浏览次数、购买转化率等。

最终的"结果／成果"的好坏，在很大程度上取决于执行过程中的KPI是否达成。

因此，在一开始就明确检查的标准和对象，不但可以使行动更加有目的性，检查起来也更加有效率。

假设你的计划是一个月与10个新客户签订购买合同。

那么这个时候需要检查的指标就不是合同数量，而是能够促成合同签订的"行动"中最重要且必不可少的要素。比如访问次数、打电话次数、宣传会参加人数等。

假设你的公司将访问次数作为KPI。

根据公司以往的经验，要想拿到10份订单，需要对顾客进行100次访问。相当于签约率为10%。

以一个月工作20天计算，那么每天的最低访问次数就是5次。

也就是说，你今天的行动目标是"访问顾客5次"，而行动的结果是访问4次，签约数为0。

那么我们需要检查什么呢？

当然，对每次访问的具体内容也需要分析，但首先应该注意到的是"为什么访问次数没达到5次"。

因为根据公司以往的经验，每100次访问就能拿到10份订单，所以访问次数不足是非常致命的问题。

是否之前没有和足够的客户取得联系？
每次访问花费的时间比预计时间更长？
造成这种情况的原因是什么？

将上述问题的答案写在"C（检查）"框架里。

假设造成上述情况的原因是"因为总被拒绝感到不愉快,导致自己不愿意去访问客户"。

毕竟要想拿到10份订单,就要遭到90次拒绝。但如果换个角度来看,只要被拒绝90次就能够拿到10份订单。

这样的话,不妨改变一下设定目标的方法,将原目标今天"访问5顾客次"改为新目标"被顾客拒绝4次"。

那么即便你遭到了拒绝也不会感到气馁,反而会因为更接近拿到订单而干劲十足。

将失败设定为目标,反而可以提高达成最终想要的良好成果的概率,这种方法有时候十分有效。如果一切进展顺利,就应该争取将顺利的因素保持下来,如果进展得不顺利,只要思考接下来应该如何改善即可。

笔记本就是PDCA的信息仓库

有时候,通过检查获得的发现和改善方案可能最终并没有利用上,而只停留在"假设"阶段。

这样的内容也应该记录在笔记本上,PDCA笔记本并不是写完就没用了。做记录固然重要,但笔记本今后也能派上用场。通过翻阅笔记本,可能会使我们产生新的"发现"。因为在每天的PDCA循环中,可能隐藏着我们当时没有注意到的重要内容。

信息随着时间的流逝会发生蜕变,也就是说,隔一段时间再回过头来看以前的记录,往往可能发现新的信息。

所以，即便只是停留在"假设"阶段的发现和改善方案，只要空间允许，也应该尽可能地将它们写在笔记本上。

当然，还可以利用"印象笔记"之类的APP来存储信息。如果你之前一直使用这类APP的话，那么只要有新的发现和改善方案，都可以在里面记录下来。

但如果你之前没有使用这类APP的习惯，也没必要特意去做。

我虽然平时也使用印象笔记，但通过PDCA笔记获得的发现和改善方案我是不会记录在印象笔记APP里的，而是都记录在笔记本上。

曾经有一段时间，我用手机将笔记本上的内容都拍了下来，用关键字作为标题，然后保存在印象笔记里面，总共有几千本笔记本的内容。当时我想的是"这样保存下来，以后再想看的时候可以通过关键词进行检索"。

但实际上我自从拍完照片保存之后就再也没看过。

虽然印象笔记非常适合用来保存信息，但在重复浏览过去内容的时候确实不如笔记本方便。

所以我并不推荐特意用这类APP来保存信息的做法。

"A（改善）"方案的制作方法

将改善方案变为行动的方法

在本节中，我将为大家介绍解决计划（P）与行动（D）之间偏差的办法。

如果A的改善方案是正确的，那么需要注意的就只有一点：

"方案是否具有可行性"。

PDCA循环出现问题的绝大多数情况，都是因为"A（改善）"无法执行。

不仅PDCA的改善方案，应该说所有的"行动"都应该思考"A（改善）"这个问题。

如果你在思考这个方案的时候，它在你的脑海里能够像电影一样清晰地表现出来，那么这种方案就是可行的。反之，无法清晰地表现出来的方案则肯定实现不了。

比如"企划"这个词，平时我们都接触得很多吧。
那么在听到这个词的时候，你的第一反应是什么呢？

你觉得在进行企划的时候，都应该采取哪些行动呢？

其实我本人从事的就是与"企划"相关的工作，但我在听到这个词的时候却什么情景都想象不出来。"企划"究竟是什么呢？

你一定也和我有同样的感觉吧。所以就算在笔记本上写下"关于××的企划"之类的计划，恐怕也难以执行。

为什么呢？因为太抽象了啊。

将"语言"分解

"企划"究竟需要做什么？
这项工作的目的是什么？

是将企划书总结在一张A4纸上交给上司吗？
还是争取在下次内部会议上说服上司同意自己的提议？
再或者是拜访客户企业打探消息？
如果某项工作涉及的内容太多，导致你难以把握具体的工作，那就按照项目将工作分解为"行动"。

除了"企划"之外，"端正态度"和"贯彻到底"之类的词也很危险。

但这些词平时却常能听到。

光是听到这些词，你能想象出具体的行动吗？

一定想象不出来吧。因为无法把握具体行动和状况的事情,执行起来十分困难。只有无能的上司才经常对部下用这样的词。

"最近销售额一直提不上来,是因为你们的态度不够端正!还记得我们的宗旨吗?将宗旨贯彻到底!"

很多企业都有自己的宗旨,也就是经营理念。

宗旨固然重要,但只是强调"端正态度"和"将宗旨贯彻到底",员工并不知道具体应该怎样做。

就算部下将"端正态度,将宗旨贯彻到底"这句话写在笔记本上,但每个人对这句话的理解可能都不一样,而且大家都不知道具体应该采取什么行动,所以最终不会有任何改变。

只有用能够落实到具体行动上的语言来做出指示,才能让别人采取具体的行动,消除上司和部下之间的认知偏差。

要想让部下采取具体的行动,上司必须将"端正态度"和"贯彻到底"分解成以下内容。

【端正态度】

◆上个月之所以出现问题,是因为我们采取的行动背离了公司的经营理念。

◆平时缺乏让员工牢记公司经营理念的环境,因此今后在每天早晨8点的早会上所有人大声说出经营理念。

◆行动之前先默念一遍经营理念,将采取的行动通过智能手机汇报给上司。

【贯彻到底】

　　◆每天提交工作报告时，需要具体写出如何根据公司的经营理念来解决今天的工作中遇到的问题。

　　◆针对进展不顺利的计划，今后应该采取什么改善方案来符合公司经营理念。

　　◆上司将部下的工作报告整理成一份表格，然后将实践内容在早会上与团队成员共享。

　　像这样将语言分解成具体的行动之后，大家就知道应该怎样做了。

　　"每天早上大声说出经营理念"。

　　"行动之前先默念一遍经营理念"。

　　"将符合公司经营理念的行动写在工作报告上"。

　　将"抽象的语言"转变为"具体的语言"或许是一项非常麻烦的工作。而且有些词平时我们经常用，可能意识不到它实际上属于"抽象的语言"，但要想真正地改变行动，这种对"语言"的分解和转变是必不可少的。

　　在写PDCA笔记的时候也需要注意自己写在笔记本上的语言究竟是抽象的还是具体的。

　　"企划""端正态度""贯彻到底"，这些词写的时候可能很轻松，但要想落实到行动上却是难上加难。

不管改善方案多么完美，如果不能落实到具体的改善行动上，那么就算写在笔记本上也毫无意义。

将语言分解，搞清楚具体应该采取什么行动。

只要肯坚持这种做法，就一定能取得成果。

不要增加太多的行动

🔁 行动可以替换

要想让PDCA高效地循环，关键在于"不要增加太多的行动"。

经过"C（检查）"后往往会产生出很多个"A（改善）"方案，而且随着PDCA的循环，改善方案会变得越来越多。

这样一来，要想将所有改善方案都付诸执行是不可能的。如果真的将所有的改善方案都尝试一次的话会出现怎样的结果呢？

答案是导致下一次的计划出现问题，甚至工作都无法继续下去。

假设你通过日常PDCA笔记发现"销售额没有像计划那样得到提高"。

于是你首先提出的改善方案是"进行更详细的市场调查"，但尝试后发现效果不好，于是你又提出改善方案"采取促销措施A"，但这个方案也没取得效果，接着你又提出改善方案"采取促销措施B"……

如果像这样不断地增加行动计划，很有可能影响到正常的工作。

所以关键在于"找出能够解决问题的改善方案"。

首先需要思考的是"替换"。

不要一味增加行动，而是用新的改善方法将之前的改善方法或行动替换掉。

这样一来行动的总数就能够保持不变。而且通过替换的方法也可以更准确地看出采取哪些行动能够取得成果。

比如刚才的那个例子，如果同时采取所有的促销措施，很难看出哪个促销措施取得了效果。但如果采用替换的方法，就可以很清楚地发现哪个促销措施最有效果。

当然，同时采取多个改善方案的做法本身并没有问题。如果这些改善方案都有效，而且能够兼顾做好的话，这种方法反而更有效率。

但如果增加太多的行动导致影响到工作进展时，最好还是采取"替换"的方法。

具体的做法也非常简单，只要在增加一个行动的同时减掉一个原有行动即可。

还有一个需要思考的问题是"放弃"。

有时候，可能会出现"行动本身就没有必要"的情况。比如就算做出来也根本没人看的报表和总结；做了也对取得成果毫无影响的工作等，在我们的日常工作中存在着许多类似的行动。

PDCA的本质就是在不断尝试的过程中，消除无用功和解决问题。如果工作可以委托给别人，那就交给别人去做。如果工作能够实现自动化，那就选择自动化。关于这部分内容我将在后面为大家做详细的介绍。

时间不够

在PDCA循环的过程中，会出现许多需要改善的地方。而当我们尝试对这些地方进行改善的时候，往往会发现"时间不够"。

但正如我在前面提到过的那样，不要给自己增加太多的行动，要将时间用在真正想实现的目标上。

应该是我们利用时间，而不是被时间反过来利用。

彼得·德鲁克在《德鲁克文集》中这样说道：

"为了取得成果付出的辛苦越少，工作的效率越高。"

在工作中面面俱到并非良策。

关键在于"选择与集中"。首先选择出自己最擅长的领域，然后将经营资源集中投入进去，成为该领域的第一人。

这种经营战略不仅适用于商业活动的现场，同样也适用于我们的人生和工作。

当通过PDCA笔记使PDCA高效循环起来之后，你一定会发现许多有待改善的问题。但不必急于将这些问题一口气全部解决。

因为那样做的话，时间肯定不够。

请仔细思考一下，回忆一下。

你的目标究竟是什么？

然后思考为了实现目标最需要改善的地方是什么。不要将时间和精力都放在解决琐碎的小事上。

当然，有余力改善的地方还是应该尽量改善。但如果需要改善的地方太多，时间和精力都不允许全部改善的话，那就应该有所取舍。

"现在我最应该改善的问题是什么？"

"最需要选择和集中的改善点是什么？"

"我的目标是什么？"

请认真思考上面这三个问题。

然后你就能够找到答案。

接下来要做的就很简单了，将全部精力都投入到真正该做的事情上。

充分利用杠杆效应，将你付出的努力最大化，这是提高工作效率的关键。

第5章
养成写PDCA笔记习惯的方法

养成写笔记的习惯

建立起写笔记的框架就能使之成为习惯

人如果没有行动的框架就会选择不行动的框架。

你有没有过这样的经历？心里想着"只要有时间的话就去把那件事做完",但实际上从没有去做。

就算偶尔有了时间,结果不是上网就是看电视,等回过神来的时候已经过去两小时了。凡是没有具体计划的事情,我们都会选择"不做"。

消极不做的框架可以说是人类"最基本"的框架。

而想要摆脱这种消极的框架,让自己积极地行动起来做自己想做的事,那就需要一个行动的框架,这个框架就是"制订计划"。

在前文中我已经提到,通过笔记准备一个PDCA的框架,就能够使PDCA循环起来。

但让PDCA循环起来并不是我们的目的。

我们的目的是让自己得到成长,通过不断地尝试来取得成果。

因此,我们必须养成使用笔记的习惯。

每天早晨用5分钟时间决定一天的任务

🔄 用早晨的5分钟时间制作当天的PDCA笔记

你每天的工作从做什么开始呢?
是确认邮件,还是准备早会?

从明天开始,请从早晨5分钟的PDCA笔记开始。PDCA笔记的基本就是每天循环。为了养成这个习惯,最好准备一个每天早晨5分钟的框架。

早晨拿出5分钟的时间,写出PDCA笔记的框架以及当天的"P(计划)"。通过这个每日的框架,就可以养成让PDCA循环的习惯。

首先,我们需要准备一个笔记本。然后,打开属于今天的那一页纸,按照前文介绍的制作PDCA笔记的方法:

在第一行,写下今天的目标和标题。

然后将最左边的P框架再分成两部分。

P框架左侧写下能够使你得到成长的行动。

P框架右侧写下除此之外的行动。

如果是实现目标的PDCA笔记的话,"P(计划)"中左右两侧哪一边花费的时间更多呢?

理想的状态是给"能够使自己得到成长的行动"分配更多的时间。如果做不到的话,至少也应该留出一些时间给"自己想做的事情",并且将其完成。

只需要每天早晨5分钟的时间,就可以给自己的今天制订出一份计划。

当养成习惯之后,如果有一天没有这样做,你甚至会感觉坐立不安,就好像起床之后没刷牙一样。

如果只是感觉坐立不安倒也还好,就怕像我前面说过的那样,陷入"什么也不做"的消极框架之中,失去对自己的时间的掌控。

试着改变写笔记的环境

要想养成写笔记的习惯,我有一个很好的建议。

那就是试着改变一下环境。

可千万不要小看环境的影响。你除了办公室之外,还有没有其他中意的工作场所?

比如我每天早晨上班之前都会去自己非常喜欢的咖啡店,在那里用5分钟的时间顺利地完成PDCA笔记,剩下的时间就看看博客和杂志，然后再去上班。

如果不想一个人去咖啡店，也可以和同事约好一起去。另外，也可以将公司的会议室或者休息室作为自己的调整空间。

如果你一坐在自己的办公桌前就总是被打扰，无法集中精力工作的话，准备一个"避难所"就显得非常重要。

阶梯效应

▉ 泥水匠的故事

你听过泥水匠的故事吗?

这是一个心理学的故事,内容是即便从事相同的工作,但拥有更高目标的人工作积极性也更高。

担任管理工作的人或许已经在管理培训上学过这个内容并且将其付诸实践了。

故事的内容大致是这样的:

一位旅行者路过某个村庄,看到4个泥水匠正在盖房子。有的人干劲十足,有的人则无精打采。旅行者感到有些奇怪,于是就问4个泥水匠:

"你们在做什么?"

泥水匠A回答说:"一看不就知道了?我在砌砖头啊。"
泥水匠B回答说:"我在砌墙。"
泥水匠C回答说:"我们在修建一座教堂。"

泥水匠D回答说："我正在创造一个能够治愈人们心灵的空间。"

虽然这4个人都是泥水匠，但他们对工作的认知却截然不同。

泥水匠A对自己工作的认知停留在作业层面的"砌砖头"。

泥水匠B对自己工作的认知上升到课题层面的"砌墙"。

泥水匠C对自己工作的认知进一步上升到业务层面的"修建教堂"。

泥水匠D对自己工作的认知已达到目的层面的"创造治愈人们心灵的空间"。

旅行者看到的那个无精打采的泥水匠，毫无疑问是A。

因为他不知道工作的目的，所以感觉不到自己工作的意义。

而干劲十足的泥水匠则应该是C和D。

他们了解工作的目的，因此充满了工作积极性。

阶梯效应中的阶梯，指的是通过阶梯使人站在更高的视角审视工作的意义，从而提高自身的工作积极性。

尽管这是领导者必须具备的素养，但身为部下也应该具备这样的视角。

因此，不要将写笔记当作一项枯燥的作业，写笔记是为了让我们明确目标，从而更好地成长。

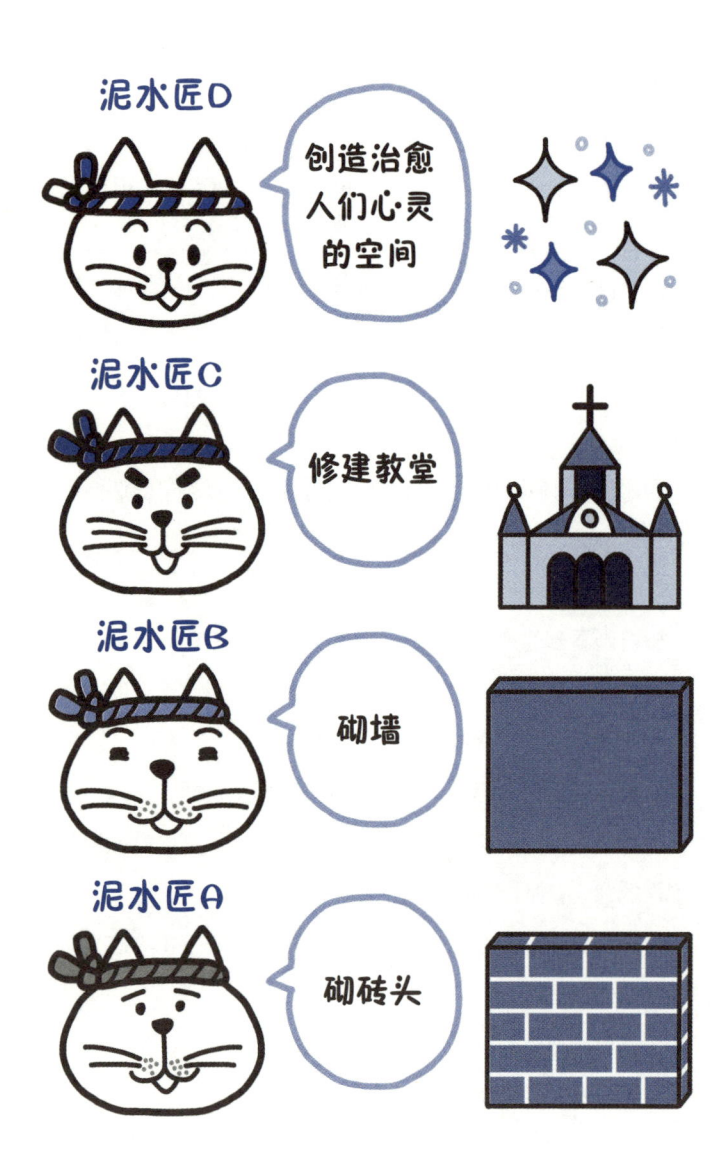

泥水匠 D:创造治愈人们心灵的空间

泥水匠 C:修建教堂

泥水匠 B:砌墙

泥水匠 A:砌砖头

系统化不等于自动化

"通过系统化来提高工作效率。"

大家是否看过讲类似内容的文章,或者听说过类似的话呢?

一提起系统化,可能很多人联想到的都是导入IT系统的IT化或者自动化处理之类的概念。

但实际上系统化指的是"创造一个能够复制成功经验,提高工作效率的系统"。

那么究竟什么内容需要系统化呢?

答案是"工作流程"。

要想使工作流程系统化,必须准备一个框架。

本书介绍的PDCA笔记也是一种框架。

接下来我将为大家介绍几个我通过实践总结出来的工作中的各个流程的系统化框架。

如果这些框架能够给大家的工作提供一些帮助,那将是我的无上荣光。

PDCA的目标就是创造一个具有可复制性的系统

PDCA循环的目的是取得成果、实现目标。

但如果再往前一步去看的话，PDCA的终极目标应该是创造一个固定的工作流程。只要有这个流程，就可以随时随地重现工作的成果。

我在介绍项目PDCA笔记的时候曾经提到过，应该"准备一个将流程与任务相结合的框架"。

事实上，工作手册就是将流程与任务相结合的最佳示例。通过PDCA循环就可以创造出一个工作手册。

如果再遇到同样的工作，只要按照这个框架就可以将之前的成功经验重现出来，工作效率自然会得到大幅提高。

而且随着PDCA的循环，我们可以不断地对这个框架进行改善，从而更进一步地提高效率。

在工作的同时将发生的事实记录在PDCA笔记上，这样PDCA笔记其实就相当于工作手册。

如果你休假了，其他人可以根据这本"工作手册"来继续工作，通过将"业务流程"可视化，就算你离开这个工作岗位，其他人也可以接手这份工作。

我在工作的时候经常思考这个问题。

"我做好随时被解雇的准备了吗？"

如果有人觉得某项工作只有自己能做，那一定是错觉。

在一个岗位上工作的时间久了，确实容易产生"这项工作别人根本干不了""这项工作只有我能做"的想法。但如果想取得更多的成长,那就绝对不能安于现状。

我希望就算自己被解雇了,我负责的业务也能顺利地进行下去。

为什么我会这样想呢?因为我也曾经接到过猎头公司的邀请,但我都以现在的岗位离不开我为由拒绝了,而其他跳槽的同事却比我更快得到了升迁。

你做好随时被解雇的准备了吗?

先从制作PDCA笔记开始吧。

让PDCA循环更加高效的GTD方法

在源头处把好关

在日常工作中,总是出现新的工作任务。

如果一味去应对这些不断涌来的工作,我们就没有时间和精力去做自己真正想做的事情,自然没办法实现成长。

PDCA循环时最重要的工作方法就是"在源头处把好关"。

"如何才能迅速地处理好工作?"

"怎样才能提高工作效率?"

你是否曾经绞尽脑汁只为了提高一点点的工作效率?

但请仔细地想一想,就算你好不容易想出一些小技巧、提高了一点点的工作效率,但做完一项工作之后马上又有新的工作。

比别人提前一小时完成工作的人和比预定时间更早完成工作的人,并不能将节省下来的时间用来做自己的事,而是马上又被安排了新的工作任务,根本轻松不了。

如果不能在源头处对工作任务把好关的话,那么工作就会永远也做不完。

在工作不断出现的情况下,仅凭提高工作效率并不能从根本上解决问题。

那么，怎样才能在源头处对工作把好关呢？

这就又需要用到框架了。

我向大家推荐GTD〔Getting Things Done（把事情做完）〕方法。

GTD是属于提高工作效率的任务管理方法。这个方法最早由美国的管理顾问戴维·艾伦提出，现在已经风靡全球。

接下来我就为大家介绍以GTD为基础的工作量控制方法。但本书并不是介绍GTD的专业书籍，所以对GTD方法感兴趣的读者朋友可以参考戴维·艾伦的著作《把事情做完》（*Getting Things Done*）。

我之所以推荐GTD方法，原因有两点。

一个是GTD方法能够让我们知道针对新的工作应该采取怎样的行动。

另一个是GTD方法能够帮助我们思考"这是不是我应该做的工作"。

在处理工作任务的时候，首先应该做的事情是什么呢？

决定先后顺序、把握整体情况进行时间管理、从现在能处理的事情开始处理……或许大家能想到很多答案吧。

请大家先忘掉这些传统的答案，否则的话你的人生将一直被工作填满，无暇顾及其他。让我们先来思考一下最根本的内容。

GTD方法的4个步骤

在本节中我将为大家介绍GTD方法。GTD方法具体可以分为以下4个步骤。

步骤1．"是否需要做"
步骤2．"内容是否复杂"
步骤3．"两分钟内能完成吗？"
步骤4．"自己做吗？"

接下来让我们逐一进行分析。

步骤1．"是否需要做"

在处理工作任务时，首先必须做的事情是什么？
答案是"思考这项工作是否需要做"。

无论是谁规定的工作都必须做吗？

GTD方法使用步骤

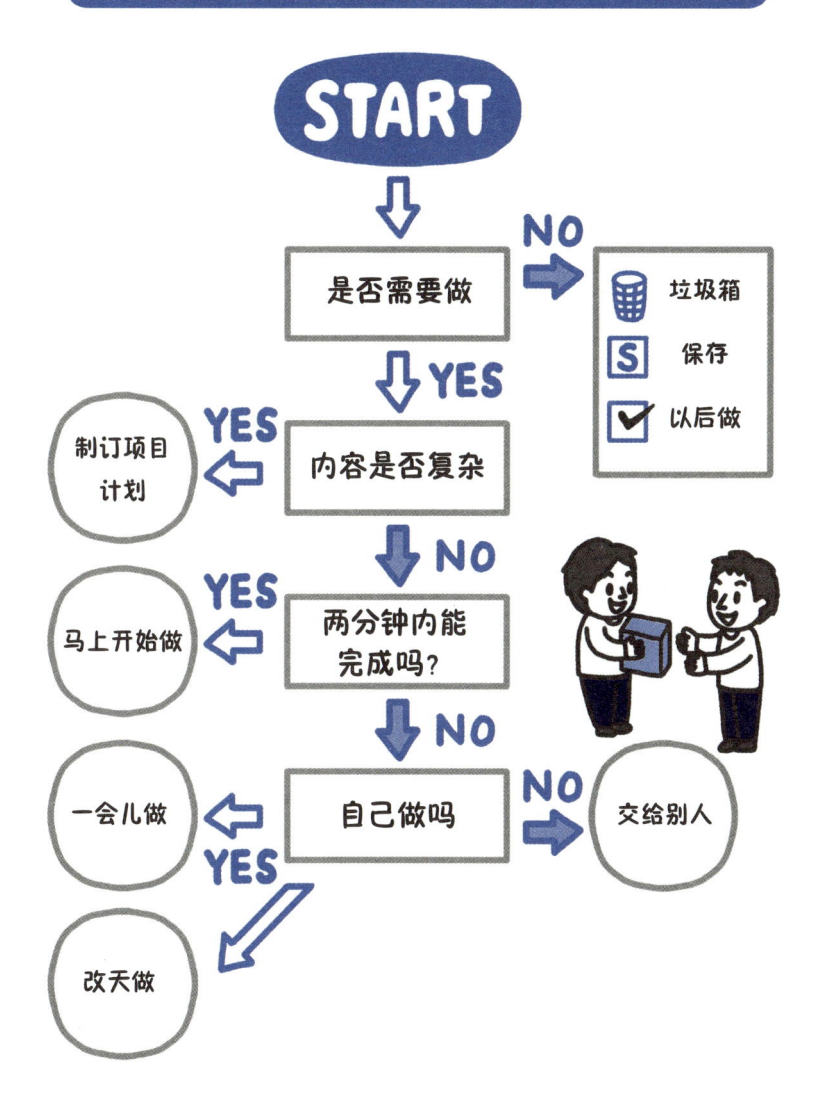

```
                    START
                      ↓
              ┌─────────────┐   NO      垃圾箱
              │  是否需要做  │ ────→     保存
              └─────────────┘           以后做
                    ↓ YES
                YES ┌─────────────┐
   制订项目  ←──── │ 内容是否复杂 │
   计划            └─────────────┘
                    ↓ NO
                YES ┌─────────────┐
   马上开始做 ←──── │ 两分钟内能   │
                   │  完成吗？    │
                   └─────────────┘
                    ↓ NO
                    ┌─────────────┐  NO
   一会儿做   ←──── │   自己做吗   │ ────→  交给别人
                   └─────────────┘
                    ↓ YES
   改天做
```

第 5 章 养成写 PDCA 笔记习惯的方法

当别人给你安排工作任务或者求你帮忙完成工作的时候，你是否拒绝过呢？

"并非所有的工作都必须去做"。

只要认识到这一点，就能提高工作效率。

这就是GTD的步骤1"是否需要做"。

当你接到工作任务的时候，首先应该问自己这个问题。

然后做出YES或NO的选择。

如果回答是NO，那就意味着这项工作"不用做"或者"不做也没关系"，自然就不需要进入步骤2，直接在步骤1就结束了。在这种情况下，工作有如下三种处理方法。

扔进垃圾箱

或许有人会想，"怎么能把工作随便就丢掉不做呢"。但请想象一下，如果你在早晨确认邮件的时候发现里面有广告邮件，你是特意打开看一遍还是直接扔进垃圾箱呢？或者早晨看报纸的时候，是将上面的所有内容一字不漏地全看一遍，还是只挑自己感兴趣的内容看呢？

没必要做的工作就像是广告邮件和不感兴趣的报纸内容一样，完全没必要在这上面浪费时间。

作为参考资料保存起来

有些工作内容你可能比较感兴趣，但现在没有必要处理。比如已经完结的项目的回顾报告，或者下载之后一直没阅读的参考资料等。这些信息如果条件允许的话可以保存在印象笔记之类的

APP里面。与其分散保存，不如统一管理更加方便。

以后做

　　有些工作你虽然有兴趣，但并不需要现在马上做，也没必要特意安排在时间表里。而这样的工作如果一直摆在眼前会影响你的注意力，所以就需要先将其放在一个看不见的地方。

　　但实际上，这些"以后做"的工作几乎都会变成"不做"。因为随着时间和环境的改变，绝大多数这类型的工作都变得不再有必要。所以应该将时间和精力都投到现在"非常感兴趣"的事情上。

如何处理"难以放弃的工作"

虽然有些工作已经不再需要做,但却让人难以放弃。

在职场中你是否遇到过"难以放弃""无法决定放弃"的工作呢?

比如刚开始必须做,但随着时间和环境的变化,这项工作逐渐变得没有意义或者无法创造利润与价值。而这项工作却"难以放弃",仍然需要继续做。

最常见的例子就是新产品的销售报告。每逢新产品上市,销售负责人都会在每期的会议上报告新产品的销售情况,另外还要通过邮件将销售报告发送给相关人员。

但经过一段时间之后,新产品的市场热度逐渐下降,大家对该产品的关注度也大不如前,而销售负责人却还是要继续发送该产品的销售报告。这样的情况很常见吧?

从客观的角度来说,这项工作(制作和发送销售报告)即便放弃也没关系,但感情上却难以割舍。还有的人怕引起上司的不满,也不敢擅自放弃这样的工作。

那么,要怎样做才能放弃这样的工作呢?

在上司没有做出"放弃"这个判断的情况下,最好按照以下3个步骤进行。

第一步 观察其他人的反应

因为做出"放弃"这一判断的人是你自己,所以你需要观察一段时间其他人的反应,确定其他人也觉得这项工作没有必要做之后再决定放弃。

第二步 用实际情况证明没有问题

当你停止该项工作之后，要保证一段时间内没有出现任何问题。如果是每周做一次的工作，那至少要观察一个月的时间。

在观察的这段时间里，你可能会感到惴惴不安。如果实在太担心的话，可以在暗地里继续做这项工作（比如制作销售报告但不发送）以防万一。

第三步 放弃

如果第二步一切顺利，那么第三步就没有问题。

"组长，最近都没有收到任何投诉，也没有出现问题，这项工作是不是可以不用做了？"

上司在认识到这个事实之后，应该会同意你的提议。

如果上司说"完全不做有点不放心，偶尔看一看吧"，在这种情况下，你可以提议调整做这项工作的频率。

"那您看是一个月做一次好呢，还是三个月做一次好呢？"

如果每周都要做的工作变成一个月做一次，那就相当于减少了75%的业务量，如果变成三个月做一次，那就相当于减少了92%的业务量。

节省下来的时间你可以用在能够使自己取得成长的工作上。

步骤2."内容是否复杂"

让我们继续刚才的话题,如果步骤1"是否需要做"的答案是YES,那么就将进入步骤2。

搞清楚"内容是否复杂"

什么样的工作算"复杂"呢?简单说就是一次行动无法完成,需要多个流程和行动才能完成的工作。

比如"举办活动",需要制作企划书、筹集所需材料、发送通知、正式举办活动、善后等一系列的工作。这些工作一个都不能少而且顺序还不能乱,否则活动就无法顺利举办。

如果工作内容"复杂",那么这就属于"大型项目"。为了明确流程和工作内容,必须制作项目笔记。

如果工作内容"不复杂",那么就进入下一个步骤。

步骤3."两分钟内能完成吗?"

"两分钟内能完成吗?"

也就是判断完成这项工作是需要花费大量的时间,还是只需要很短的时间就能处理完。

如果回答是YES,那么就立刻处理。

比如"打电话""委托工作""发送一封邮件"之类的工作就属于短时间内能够完成的工作,应该立刻将其做完。通过两分钟这个时间框架,就能够养成迅速完成工作的习惯。

如果回答是NO,那么就需要进入下一个步骤。

步骤4."自己做吗?"

搞清楚"是否需要自己完成"

也就是判断这项工作是应该亲自去做还是委托给别人去做。

当进入到步骤4,就意味着这项工作属于"需要完成,虽然内容不复杂但在两分钟内无法完成"。

如果答案是YES,那么就自己去做。

如果答案是NO,那就意味着"不应该自己做""交给其他人去做也没关系",应该委托别人去做。

上述就是GTD方法的使用步骤。

在需要处理大量工作的情况下,通过这个方法可以从源头处控制工作的数量,对工作进行处理,从而使自己工作起来更加轻松、高效。

接下来,让我们更深入地探讨一下这个方法。

GTD方法最后一步的拆解

自己做的情况

假设进入步骤4，而且最终的回答是"YES"，"YES=自己做"。

在这个时候千万不要"立刻去做"。

首先你需要思考"是否应该停止目前正在做的工作，去做这项工作"。

面对这个思考，接下来你有两个选择：

1.等现在的工作做完之后再去做
2.改天再做

如果决定"之后再去做"，那就趁着还没忘记，立刻将这项工作写在PDCA笔记的"P（计划）"框架里。

如果决定"改天再做"，那就记在备忘录或者时间表上。

这种对工作内容进行判断的方法，是提高工作效率必不可少的框架。

请大家一定要尝试一下。

委托的技巧

▶ 如果不解雇自己就无法前往下一个舞台

接下来我们再看一看GTD方法最后一个步骤中"委托给别人去做"的情况。

有的人会认为"这项工作只有我能做……""如果没有我的话，公司就完了……"

但这其实都是错觉。

最简单的证据就是，这样的人休年假的时候，公司也并没有完蛋。就算多少有些"麻烦"，但利用公司的现有资源，问题都完全可以解决。

如果一个公司因为员工休假就完蛋了，那一定是搞错了什么。

公司少了任何一个人都一样能够保持运转。

当然，这是我个人的观点，信不信由你。

如果你想得到升迁，或者跳槽到其他的公司，那就必须将现在的工作交给别人去做，也就是相当于现在的你被解雇了。

"如果现在不解雇自己，你就无法前往下一个舞台"。

在这种情况下，必须放弃自己现在的工作。

如果对现在的工作死抓不放，那也就永远无法离开这个舞台。不但你的工作效率难以提高，组织也会失去活性、停滞不前。

所以，请放开现在的工作，然后走向下一个舞台。如果你是上司，让你的部下领悟到这个道理，就能够使你的部下工作效率提高，从而使整个组织变得充满活力。

这是必须自己完成的工作吗？

伦敦商学院的朱利安·布金绍教授通过研究发现，"绝大多数的脑力劳动者将工作时间的41%都用在委托别人工作上"。

如果是个体户和自由职业者，可能不管什么工作都必须亲力亲为，但公司职员如果也这样做的话就很有问题了。

为什么这么说呢？因为除了只有自己才能完成的工作之外，将时间和精力用在不能使自己得到成长的工作上就是一种浪费。

那么正确的做法是什么呢？

答案是自己将工作进行分配，然后向上司提出建议。

不要觉得这种做法是狂妄自大或者自以为是。因为只有对团队成员的特点和专长十分了解的人，才能提出这样的建议。通过让团队成员发挥自身的特长，能够提高成员们的工作积极性，创建一个良好的工作环境，提高团队整体的工作效率。这样的建议上司应该也是非常欢迎的。

如果你参与的项目每年确认一次工作进度，那么你一年至少有一次机会与上司面对面地交流。届时，上司可能会问"你对工作有什么意见和建议吗？"

如果你说"没有"，那可就太浪费这么难得的机会了，不妨试着照我说的提出关于某项工作是否真的有必要继续做下去的建议。

就算你的建议没有被上司采纳，至少上司也会觉得你是一个工作态度积极、关心团队运营的人。

思考"自己想成为什么样的人"

在自己对工作进行分配的时候，需要思考的是"自己想成为什么样的人"。

如果你想成为一个"优秀"的人，可能你会觉得不管什么事都必须亲自解决。不管什么工作都必须迅速完成，所有的工作都必须自己来做。

但实际上并不是这样的。

如果你真的能做到像上面说的那样，倒也罢了。

否则的话，还是丢掉"不管什么工作都必须亲自解决""不管什么工作都必须完成"的念头吧。

与其追求成为一个"什么都能做的人"，不如成为"有一技之长的人"。

这样不管是对公司还是对你个人都有好处。

最好让周围的人知道你拥有"一技之长"。

而你的这个"特长"就是你自己的主场。

比如我的"特长"是制作Excel。

所以我一直在从事利用Excel进行的工作。

我最开始用Excel是为了提高处理票据的效率,后来工作重点逐渐转移到用Excel提高整体工作效率上,再后来又转移到用Excel帮助整理提高工作效率的方法上。

每个人都有自己擅长的事情。

比如不擅长处理数据的A先生,如果自己处理数据的话需要花费2小时。而坐在A先生旁边的B先生则非常擅长处理数据。如果让他来处理数据的话只需要10分钟就能够搞定,而且准确率非常高。

另一方面,A先生很擅长制作幻灯片,如果给他2小时的话,他能够制作出一份非常精美的幻灯片。

那么在这种情况下应该怎么做呢?

毫无疑问,正确的做法应该是将处理数据的工作交给B先生,而让A先生用2小时的时间制作一份幻灯片。

这样一来,公司整体的工作效率将得到大幅提高。A先生和B先生的工作变得更加轻松,当然也更有意义。

综上所述,请仔细思考自己想成为怎样的人,然后在自己的主场上与竞争者一决胜负吧。

▱ "能不能悄悄地放在别人的工作里？"

本节我将为大家介绍一个将工作委托给别人的思考框架。

"能不能悄悄地放在别人的工作里？"

在自己的主场一决胜负，并不意味着将自己不擅长的工作全都推给别人。虽然可能有的人对此并不在意，但这样做毕竟还是不太好。

我教给大家另外一个方法。

那就是"思考这项工作能不能悄悄地放在前端工程或者后端工程里"。

在一家公司里，几乎没有仅凭一人之力就能完成的工作。

任何工作都需要经过许多工序、许多人齐心协力才能完成。

所以我们需要做的就是从工作的整体流程中，找出"能够顺便将这项工作完成的工作"。

我就曾经遇到过这样一件事。

某促销活动的活动报告原本每周都由活动事务局整理完毕后以邮件的形式发送给我们，我们再将这份数据发送给营业人员。如果将这份数据直接拿给营业人员的话，他们看不懂，所以需要有人将数据整理成表格和图表再发送给营业人员。

整理数据的工作一直由我的同事X负责，但后来他被调走了,结果这项工作就落到了我的肩上,每次处理数据都需要大约30分钟的时间。平白无故增加了30分钟的工作时间,对我来说是非常严重的问题。于是我这样想道:

"只要让负责收集数据的活动事务局按照这份模板填写数据不就行了吗？Excel中都是设置好的函数,事务局的工作量丝毫也没有增加,而营业人员也能看得懂。"

虽然刚开始设置函数用了我30分钟的时间,但从下周开始我就拜托事务局"请按照这个格式发送数据"。

这样一来我就不用每周花费30分钟整理数据了。

只要稍微动动脑筋,一项工作就变没了。

能委托给他人去做的工作就尽量委托给别人,自己集中精力去做能够使自身得到成长的工作。

提高生产效率的思考框架1.
"是否具有可重复性"

▣ 准备一个具有可重复性的体制

在本节中，我将为大家介绍一个能够提高生产效率的思考框架。

"是否具有可重复性"。

在介绍项目PDCA笔记时我提到需要"准备一个将流程和任务相结合的框架"，而这个将流程和任务相结合的框架实际上就是工作手册。

通过PDCA循环，就能创造出一个工作手册。当工作流程"可视化"之后，工作即便交给其他人来做，只要遵守标准流程就能够保证工作不会出现问题。

而且将流程可视化之后，还可以发现流程中哪些工序经过改善后能够更进一步提高工作效率，哪些工序是多余的应该省略。

曾经有一位企业的经营者来找我咨询。

他之前一直担任营业部部长的职务，半年前社长因为身体原因退休，于是他升任为社长，但这半年来他因为还要兼顾营业部部长的工作，无法将全部精力放在社长的工作上，对此他感到十分烦恼。

他烦恼的关键在于"一直没有时间制作一份给继任者用的工作手册"。

于是我建议"先提拔一个接班人，然后再制作工作手册"。结果营业部部长的交接工作只用了几周时间就完成了。

制作工作手册的关键在于"在工作手册上只写明工作流程和重点内容"，这样一来几乎不需要多少时间就能够完成工作手册的制作。

而具体的工作内容则可以让继任者在实际的工作过程中逐渐完善，最后只需要交给他确认一下即可。

你的工作流程能实现可视化吗？

如果答案是能，那你的工作也可以交给别人去做。

你应该尽可能地将时间和精力放在能够使自己得到成长的工作上，并且应该创造一个在自己的主场工作的环境。

任何人都有擅长做和不擅长做的工作。将自己不擅长的工作委托给别人，只做自己擅长的工作并取得成果就好。

提高生产效率的思考框架2.
"能简化吗"

善于简化的人工作更轻松

"越简单越好"这句话同样适用于工作。

比如在制作说明资料或销售报告之类的资料时,谁都不会将资料做得花里胡哨,添加许多毫无意义的内容进去。

因为这样做不但让读者在阅读时花费更多的时间,而且也让他们难以理解其中的内容。如果想得太多,在资料里加入太多的信息,最终的结果只能是一片混乱。

即便同为销售报告,也分为给营业部部长等高层领导确认销售情况用的资料,帮助营业经理给下属安排工作任务的资料以及营业人员用来制订今后销售计划的资料等。

在制作资料时就应该搞清楚这份资料是给谁看的,然后根据实际情况决定需要添加哪些信息。如果将所有的信息都一股脑儿地塞进去,最后,资料只会变成谁都用不上的"四不像"。

我就曾经有过这样的经历。

当时我要制作一份说明时间只有30分钟的资料,结果我整理出50张幻灯片，总共花了40小时。其实大致的内容我只用了1小时就做好了，其他39小时我都在思考幻灯片的版式应该如何编排。

也就是说，我在并不重要的地方浪费了太多的时间。

要想避免出现和我一样的错误，"能简化吗"的框架非常有效。

这个框架的关键包括以下三点。

1. 为谁？为什么？

这是因提出推广名为"行动路径"问题解决术而广为人知的横田尚哉提出的关键词。

"不要直接解决问题，而应该先思考为谁？为什么？"

如果你对自己现在从事的工作从来没有提出过任何疑问，那么就请你从现在开始思考一下这个问题。

"我做这个工作究竟是为了谁？为了什么？"

这就是一切的起点。

通过这个问题，你自然而然地就会发现工作流程中删除哪些、留下哪些才能更简单地取得成果。

2. 商业活动效率第一

"这份资料让人一目了然，立刻就能做出判断！"

如果做到了这一点，说明你的PDCA循环非常高效。

也就意味着你能够更快地取得成功。

制作的资料让阅读的人能够迅速做出判断，说明你的工作具有很高的价值。

所以请从"商业活动效率第一"的角度对自己的工作重新进行审视。资料的内容只保留关键部分，将数字做成可视化的表格，让人一目了然。

比如前文中提到的那个将访问次数作为KPI的企业，如果能够在制作资料时除了显示销售额和订单数等结果之外再加上访问次数，那么这份资料就是虽然简单却包含所有关键信息的优秀资料。

3. 是否具有行动计划

只明确活动指标还远远不够。如果能够在提出问题的同时还给出具体的解决方法和行动计划，那你工作的价值将得到大幅提高。

比如Z营业所的销售额只达到了计划的50%，访问次数只达到计划的60%。那么你制作的报告中是否给出了"应该采取的提高访问次数"的行动计划呢？只对数据进行收集和统计是不够的，"提出问题"谁都能做到。

关键在于提出问题后还要给出行动计划来解决问题。

"问题出在这里，所以应该这样工作"，只有给出具体的行动计划才能解决问题。你的工作能够让其他人行动起来吗？

养成PDCA习惯的黄金循环

要想做好工作，我们需要养成PDCA习惯的黄金循环！具体来说，就是将我在前文中介绍过的所有内容串联在一起即可。

1. 用备忘录进行时间管理（≠时间表管理）

　　　　↓

2. 用PDCA笔记方法坚持每天循环PDCA

　　　　↓

3. 用GTD方法从源头处对工作量进行控制

　　　　↓

4. 思考解决办法放入下一次的计划之中

　　　　↓

5. 让PDCA自己循环起来

只要坚持重复上述步骤就能养成PDCA循环的习惯。

彻底摆脱"虽然知道PDCA但却坚持不下来""总是无法实现目标"之类的困扰，在保持PDCA循环的同时掌握实现目标的尝试框架，成为出类拔萃的商务精英。

养成PDCA习惯的黄金循环

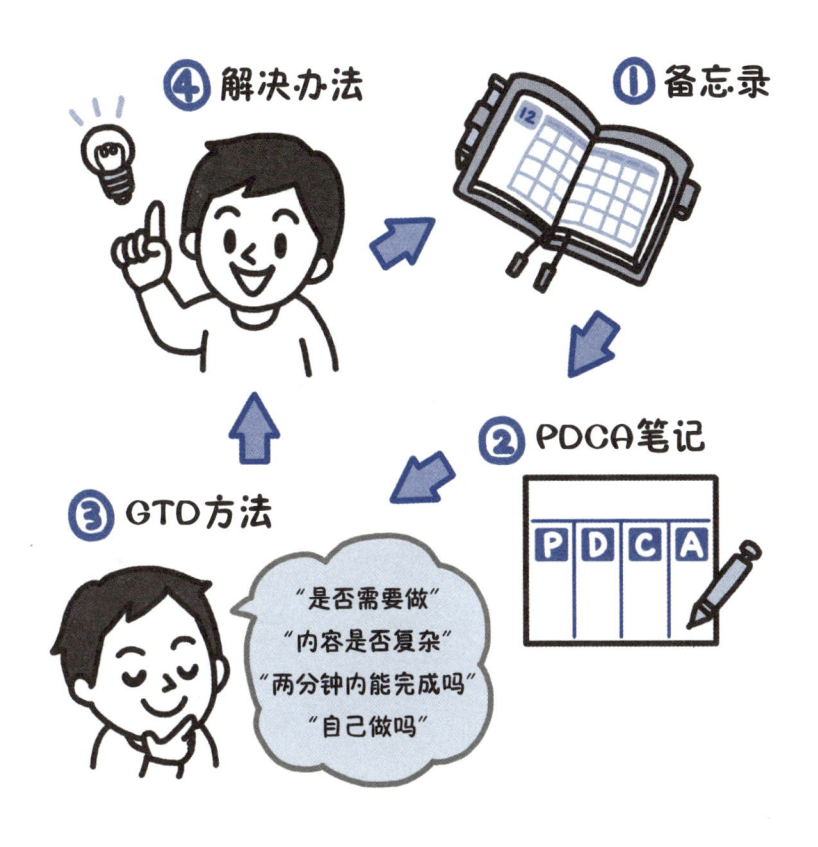

④ 解决办法

① 备忘录

③ GTD方法

"是否需要做"
"内容是否复杂"
"两分钟内能完成吗"
"自己做吗"

② PDCA笔记

①用备忘录进行时间管理
②用PDCA笔记方法坚持每天循环PDCA
③用GTD方法从源头对工作量进行控制
④思考解决办法放入下一次的计划之中
⑤让PDCA自己循环起来

终章

让实现人生目标的 PDCA循环起来

工作似乎一切顺利

🔁 投接球事件

这是2012年春天时候的事。

我在2010年的时候在东京都内买了一栋房子，然后又在2012年3月升职，因此必须将更多的精力投入工作中。

虽然加班时间从最多时的140小时逐渐减少，但每个月还是要加班40~60小时，当然工作上也取得了不少成果。不过我因为经常加班，几乎从没有和家人一起吃过晚饭，难得的休息日只想在家放松放松，偶尔去购物中心逛逛街，完全是一副中年油腻男的形象。

我的大儿子将在4月份的时候进入小学就读一年级，二儿子则即将上幼儿园，在世人看来我的家庭十分和睦、生活非常幸福，我自己也是这样认为的。

大儿子很老实，喜欢看书，当然也和绝大多数小男孩一样喜欢在外面跑跑跳跳，每当看到他我都能回忆起自己的儿童时代。

有一天，大儿子拿着我之前在购物中心买回来的棒球手套对我说，"爸爸，我们一起玩投接球吧"。于是我俩就在院子里玩了起来。

"喂，扔得太近了。用力一点啊！"
"我说，把手套张开好好地接住！"
忽然，大儿子悲愤地对我大声说道：
"我不会！你从来没教过我应该怎样投接球啊！"
我恍然大悟。
大儿子根本不会投接球。
他扔球的距离连3米都达不到，接球时球总是从手套里掉落下来。
因为我从来没教过他应该如何投接球。
我为了让家人能过上更好的生活而努力赚钱，我认为努力工作是身为一家之主最大的责任。
虽然我给儿子买了棒球手套，但在休息日的时候却从没有真正地陪伴过他，甚至连投接球这么简单的动作都没有教过。

"我以为自己拼命地努力工作是为了家人，但实际上真是这样吗？"

这件事触动了我，让我重新审视自己的人生。

乔布斯的话

"如果今天是你人生中的最后一天,那今天你所做的事情都是自己真正想做的吗?"

这是苹果公司创始人史蒂夫·乔布斯2005年在斯坦福大学毕业典礼上演讲中的一句话。

这句话给我带来了巨大的冲击。

我将这句话记在印象笔记里。从记录的日期上来看,我第一次听到这句话是在2009年11月6日,距今已经过了7年的时间。

在投接球事件之后,我再次用这句话反问了一下自己,结果得出的答案是"NO"。

我今天做的事情没有一件是自己真正想做的。

我每天只是在完成别人交给我的工作。

我从没想过工作是否快乐,是不是自己想做的,我只是为了家人拼命地工作,仅此而已。

如果用泥水匠的故事来打比方,那我就是在砌墙的那个。我很擅长砌墙,我能很快就砌好一面墙,但如果今天是我人生中的最后一天,这就是我真正想做的事吗?答案是"NO"。

但是,我却不知道自己究竟想做什么。

我觉得自己必须做出改变,却不知道应该如何改变。

"应该改变什么?""应该怎么做?"

我一直在思考这些问题,却找不到答案。

让实现人生目标的PDCA循环起来

你的情况如何呢?

你是否听说过"自我实现"这个词?

如果你是公司员工,每年应该都会制订年度计划吧。而在年度计划中最常出现的内容大概就是如下这句话:

"设定一个有助于自我实现的业务目标……"

我曾经觉得这句话对像我这样的普通职员毫无意义,我完全无法理解其中的含义。

但现在我明白了。

在前文提到的"泥水匠的故事"中,泥水匠D回答"我正在创造一个能够治愈人们心灵的空间",这就是他对自己工作的认知。

正因为他将这项工作同自我实现联系到了一起,所以他才能有那么高的工作积极性。

那么,究竟什么是自我实现呢?

我认为这里所说的自我实现其实就是"人生目标"。

首先要明确自己的目标究竟是什么,然后在自己的工作中找出与自己的目标有共同点的地方。只要能够找到共同点,那么这项工作就能够帮助你自我实现。

比如泥水匠D的人生目标是"希望创造出一个人人都安居乐业的社会",那么他在工作的时候就会觉得自己"正在创造一个能够治愈人们心灵的空间",从而感觉他是在做能够自我实现的工作。

自从投接球事件以来,我对自己的人生进行思考后得出了这样的结论:

"为了实现'人生目标',必须让人生的PDCA循环起来!"

我的人生不能这样继续下去,我必须改变自己的人生。于是我想起大前研一先生说过的话:

要想改变自己,必须改变以下3点:
◆时间的使用方法
◆生活的场所
◆交往的人

而最没有意义的,就是新的想法。

光有想法是不够的。不能只有想法,关键在于行动。这一点同样适用于工作。

于是我首先试着改变时间的使用方法。

仔细想来,除了偶尔和学生时代的朋友们见个面之外,我几乎将所有的空闲时间都用在和公司的同事们一起喝酒上了。于是我推掉了所有的酒会应酬,自掏腰包去参加畅销书作者和知名博主举办的研讨会和学习会。

通过参加这些活动,我不但产生了"让人生变得更好"的积极态度，而且还结识了许多同样拥有积极人生态度的伙伴和老师。在与这些优秀的人交往的过程中，我又有了新的发现：那就是他们人生的每一天，都在为实现"人生目标"而不断地努力。

小时候我的梦想是成为职业棒球运动员和歌手，长大之后却觉得追求梦想是非常幼稚的行为。

但他们不一样，他们毫不掩饰地说出自己的梦想，比如"想让世界变得更好""希望能够帮助更多的人"，并且为了实现自己的梦想而努力行动。

同时，他们也坚信"许多人都拥有自己理想的人生，我也可以"。

于是我也开始思考自己的人生目标究竟是什么。

结果，我的人生一下子变得非常精彩。在此之前，我虽然通过眼前工作的PDCA循环获得了成就感，但那只是暂时的。而现在我每天都在为了实现"人生目标"而让PDCA循环起来。

我将乔布斯的那句名言印在名片大小的卡片上，然后将这个卡片贴在洗手盆的镜子上。每天早晨洗脸的时候我都会用这句话来提醒自己，现在我的回答已经从"NO"变成了"YES"。

我的人生目标如下：

身为一名父亲，我要通过自己的生活方式来影响孩子，使他们认识到为实现梦想而生的重要性。

为了实现这个目标，我必须高效地完成工作，拿出更多的时间来陪伴家人。同时还要不断地使自身获得成长。

此外，还要尽可能让这个世界上出现更多像我这样的帅气老爸。

为了实现人生目标,必须先设定第一个阶段性目标,然后制订行动计划。并将其写在目标达成PDCA笔记的P框架左侧。

我的第一个阶段性目标就是"与10万个帅气老爸(老妈)进行交流"。

本书可以说是我为了实现这一目标而迈出的第一步。

希望读完本书的你,也能和我一起成为一个帅气老爸(老妈)!

然后让实现你人生目标的PDCA也循环起来!

停止没有目标的艰苦工作

你玩过拼图吗?

这是一种老少皆宜的益智游戏。

拼图的目标是将许多小块拼成一整幅图案,在拼图的过程中需要进行许多尝试。

这和工作一样。

将人力、物力、财力、信息、创意等资源,通过不断尝试找出最佳的组合,最后达成业务目标。

但你是否只顾着解决眼前的问题呢?比如绞尽脑汁地思考如何才能将小块摆放准确、怎样才能快速地找出邻近的小块以及努力完成"今天拼完100块"的目标。

甚至你可能每天都加班到深夜,连休息日也去上班。但你通过这项工作要实现的目标究竟是什么呢?

世界上最难的拼图

你知道世界上最难的拼图是什么吗?

答案是"牛奶拼图"。

你想得没错,就是一整面全都是乳白色,没有任何图案的拼图。

你的工作是否也像这个牛奶拼图一样呢?

没有目标、没有方向,只是一味埋头苦干。

我并不否认努力工作的意义。

有的目标只能通过努力工作才能实现。

比如摆在你面前的是一个由几千个小块组成的拼图。

要想将这个拼图拼好绝非易事,但拼好后的图案也非常精美,你十分想看一看拼好后的样子。那么你一定会坚持尝试吧。

所以我的建议是,停止没有目标的工作,而对有明确目标的艰苦工作则可以通过PDCA循环来将其完成!

从今天开始写笔记的人生

对商务人士来说,并不是掌握的知识越多越好。

这是我的亲身经历。

曾经我拼命地学习，认为只要掌握足够的知识就能取得成果，于是我买了很多商业书籍、参加了各种各样的学习班，我坚信越是复杂的内容越能够取得成果，但结果却和我想的完全相反。

失败了无数次之后，我又踏上了寻找新知识的旅途——就这样不断地重复。

但现在我通过让PDCA循环和利用笔记本来帮助我思考，我已经成功地让人生的PDCA循环了起来。

现在我虽然从不加班，但上司却很赏识我，我得到的人事评价也非常优秀。

我的副业，做"时间管理顾问"刚开始一年多的时间。

我在网络上发表自己的见解，同时也举办学习班。

现在，我又得到了这次出版作品的机会。如果只看这些结果的话，可能有人觉得我一切都很顺利，但实际上这些都是我通过不断地尝试和失败之后才取得的结果。

我曾经也遭遇过惨痛的失败，曾经也感到后悔和绝望，但我也切实地感受到，只有在失败中才能学到真正的经验。

商业活动中最重要的就是实践，在不断尝试中取得成果。

希望大家在读完本书之后，不要只是觉得"又学到了新的知识""这本书的内容还挺有趣的"，请立刻翻开手边的笔记本，在上面画出四条线。

然后立刻试着回顾一下今天发生的事情。

明天再开始制订计划也不迟。

首先从行动开始。

哪怕只是一小步,也请坚定地迈出去,然后再迈出第二步。

只要能每天坚持并坚持一年,你就相当于进行了365次的PDCA循环,不仅你的工作将变得更加顺利,你也会走上自己理想的人生轨迹。

来吧,和我一起开始写笔记的人生吧!

冈村拓朗

图书在版编目（ＣＩＰ）数据

PDCA循环工作法 /（日）冈村拓朗著；朱悦玮译. — 北京：北京时代华文书局，2021.6（2023.6重印）
　　ISBN 978-7-5699-4226-2

Ⅰ.①P… Ⅱ.①冈… ②朱… Ⅲ.①工作－效率－通俗读物 Ⅳ.①C935-49

中国版本图书馆CIP数据核字(2021)第104622号

北京市版权局著作权合同登记号 图字：01-2019-2364

"JIBUNWO GEKITEKINI SEICHOUSASERU! PDCA NOTE" by Takuro Okamura
Copyright ©2017 Takuro Okamura
All Rights Reserved.
Original Japanese edition published by FOREST Publishing Co., Ltd.
This Simplified Chinese Language Edition is published by arrangement with FOREST Publishing Co., Ltd. through East West Culture & Media Co., Ltd., Tokyo

拼音书名 | PDCA Xunhuan Gongzuo Fa

出 版 人 | 陈　涛
选题策划 | 樊艳清
责任编辑 | 樊艳清
执行编辑 | 王凤屏
责任校对 | 凤宝莲
装帧设计 | 程　慧　孙丽莉
责任印制 | 訾　敬

出版发行 | 北京时代华文书局 http://www.bjsdsj.com.cn
　　　　　北京市东城区安定门外大街138号皇城国际大厦A座8层
　　　　　邮编：100011 电话：010-64263661 64261528
印　　刷 | 河北京平诚乾印刷有限公司　电话：010-60247905
　　　　　（如发现印装质量问题，请与印刷厂联系调换）
开　　本 | 880 mm×1230 mm　1/32　　印　张 | 5.5　字　数 | 170千字
版　　次 | 2021年7月第1版　　　　　　印　次 | 2023年6月第10次印刷
成品尺寸 | 145 mm×210 mm
定　　价 | 39.80元

版权所有，侵权必究